Holger

Das papierlose Büro

Alle Rechte vorbehalten. Ohne ausdrückliche, schriftliche Genehmigung des Verlags ist es nicht gestattet, das Buch oder Teile daraus in irgendeiner Form durch Fotokopien oder ein anderes Verfahren zu vervielfältigen oder zu verbreiten. Dasselbe gilt auch für das Recht der öffentlichen Wiedergabe. Der Verlag macht darauf aufmerksam, dass die genannten Firmen- und Markennamen sowie Produktbezeichnungen in der Regel marken-, patent- oder warenrechtlichem Schutz unterliegen. Verlag und Autor übernehmen keine Gewähr für die Funktionsfähigkeit beschriebener Verfahren und Standards.

© 2016 Brain-Media.de

Herausgeber: Dr. Holger Reibold

Umschlaggestaltung: Brain-Media.de

Satz: Brain-Media.de

Korrektur: Theresa Tting

Coverbild: zettberlin / photocase.de

ISBN: 978-3-95444-196-9

Inhaltsverzeichnis

VORWORT 7

1   DIGITALER NOTIZBLOCK 9

1.1   Die Startseite von Evernote 10

1.2   Notizen erstellen 14

1.3   Evernote als Erinnerungsspezialist 18

1.4   Notizen synchronisieren 21

1.5   Wer suchet, der findet 23

1.6   Inhalte beschriften und kommentieren 29

1.7   Organisationstalent 29

1.8   Notizen freigeben 32

1.9   Evernote aufgebohrt 34

1.10 Kritik 36

2   IDEEN SAMMELN UND VERWALTEN 39

2.1   Erste Schritte mit FreeMind 43

2.2   Beispiel aus der Praxis 45

2.3	Die wichtigsten Fachbegriffe	54
2.4	Die wichtigsten Mindmapping-Regeln	57
2.5	Die FreeMind-Schnittstelle	59

3 DOKUMENTEN VERWALTEN UND BEARBEITEN 67

3.1	Die Probleme der klassischen Dokumentenablagen	67
3.2	Vorteile dank Dokumentenmanagement	69
3.3	Die perfekte Lösung: Alfresco Community Edition	71
3.4	Jede Menge Add-ons	72
3.5	Architektur	73
3.5.1	Content Repository	74
3.5.2	Protokolle	75
3.6	Alfreso kennenlernen	77
3.6.1	Dashlets	79
3.6.2	Alfresco-Sites	84
3.6.3	Zugriff auf Alfresco-Sites	85
3.6.4	Mitglieder verwalten	90
3.6.5	Die Bibliothek kennenlernen	92
3.6.6	Regeln	95
3.7	Mit Inhalten jonglieren	100
3.8	Aufgaben und Workflows	102
3.9	Aufgaben	106
3.10	Weitere Alfresco-Module	108

| 3.11 | Suche in Alfresco | 110 |

4 PROJEKTE, TERMINE UND AUFGABEN IM GRIFF 115

4.1	OrangeScrum im Überblick	115
4.2	OrangeScrum in Betrieb nehmen	117
4.3	Aufgaben verwalten	119
4.4	Projektmanagement	121
4.5	Mehr Funktionalität durch Add-ons	123

5 DOKUMENTE DIGITALISIEREN ... 127

| 5.1 | ScanSnap iX 500 | 128 |
| 5.2 | Doxie Go | 132 |

6 WIE GEHT ES WEITER? ... 133

INDEX ... 135

WEITERE BRAIN-MEDIA.DE-BÜCHER ... 141

| Weitere Titel in Vorbereitung | 146 |
| Plus+ | 146 |

Inhaltsverzeichnis

Vorwort

Schenkt man verschiedenen Medienberichten Glauben, so verbraucht jeder Deutsche im Jahr durchschnittlich 250 kg Papier. Um diesen gewaltigen Papierhunger der Deutschen zu stillen, müssen jedes Jahr weit über 10 Millionen Bäume gefällt werden. Das sind gigantische Dimensionen, die man sich kaum bildlich vorstellen kann.

Ob wir nun 200 oder 250 kg Papier pro Jahr verbrauchen, ist letztlich irrelevant. Aber die Zahlen machen eines deutlich: Wir betreiben alleine für unseren Papierwahnsinn Raubbau an der Natur. Und dem können Sie entgegenwirken, indem Sie den täglichen Papierverbrauch reduzieren – deutlich reduzieren. Zugegeben: Der Buchtitel klingt ein wenig plakativ, und Sie werden vermutlich auch nicht zu 100 Prozent auf Papier verzichten wollen und können. Aber Sie können im Büroalltag den Papierverbrauch problemlos um 70 bis 80 Prozent reduzieren, vielleicht sogar um 90 Prozent.

Doch die Senkung des Papierverbrauchs ist nur die eine Sache, denn Sie erzielen durch den Umstieg zur digitalen Speicherung auch mehr Ordnung und finden bestimmte Informationen deutlich leichter. Sie profitieren also gleich mehrfach: Sie sparen Geld, Zeit, Platz und tun auch noch etwas Gutes für die Umwelt. Wenn das nicht genügend Gründe sind, das Experiment „Papierloses Büro" zu wagen?

Für die meisten Anwender ist auch der Aufwand hierfür minimal. Fast jeder besitzt heute ein Smartphone und/oder ein Tablet sowie ein Notebook. Dann bräuchten Sie noch einen Dokumentenscanner, um bestehende Dokumente zu digitalisieren. Digitale bzw. digitalisierte Dokumenten können Sie problemlos mit diesen Geräten lesen.

Alle weiteren Programme und Tools finden Sie im Internet. Die hier vorgestellten Tools sind allesamt kostenlos nutzbar bzw. unterliegen sogar einer Open Source-Lizenz.

Ihre Grundausstattung für das papierlose Büro umfasst folgende Werkzeuge:

- Einen digitalen Notizblock, der gleichzeitig auch als Archiv und Ablage dient.
- Ein Programm zum Sammeln von Ideen, Dokumenten, Links etc., die Sie miteinander verknüpfen können.
- Dann benötigen Sie ein Werkzeug, mit dem Sie Ihre Dokumente verwalten, durchsuchen und gegebenenfalls mit anderen bearbeiten können.
- Schließlich benötigen Sie eine Projekt- und Terminverwaltung, in der Sie Ihre Projekte und Aufgaben verwalten können.

Mit dieser Grundausstattung haben Sie bereits alles, was für den Einstieg in das papierlose Büro erforderlich ist.

Das vorliegende Buch versteht sich als Wegbereiter und zeigt Ihnen einen möglichen Weg auf, wie Sie Ihren Papierverbrauch minimieren können.

Dabei wünsche ich Ihnen viel Erfolg!

Herzlichst,

Dr. Holger Reibold (März 2016)

1 Digitaler Notizblock

Wir leben im sogenannten Informationszeitalter – mit all seinen Vor- und Nachteilen –, das das Industriezeitalter mit seiner industriell geprägten Arbeitswelt längst abgelöst hat. Vielfach ist auch die Rede von der Wissensgesellschaft, in der Know-how und Erfahrung die zentralen Güter sind. Merkwürdigerweise ist der Informationsbegriff recht unscharf.

Während unsere Vorfahren ihr Wissen überwiegend mündlich und in Form weniger Höhlenzeichnungen weitergaben bzw. festhielten, änderte sich die Informationsweitergabe mit Einführung der Schrift, die meist mit der Bronzezeit vor ca. 3.500 Jahren in Verbindung gebracht wird. Man könnte heute davon sprechen, dass damals der Grundstein für das menschliche Informationszeitalter gelegt wurde, denn seither prägen und verändern Informationen, die wir nachvollziehen können, unsere „Welt".

Die Stimmen unter Experten und Wissenschaftlern mehren sich, dass Information neben Energie und Materie eine dritte Grundgröße der Welt darstellt. Ob man diese sehr weitreichende Einschätzung nun teilt oder nicht, sei jedem Leser selbst überlassen, doch unstrittig ist, dass Wissen Macht bedeutet.

Man muss Informationen und deren Verknüpfung nicht zwingend als einen der grundlegenden Elemente unseres Daseins auffassen, doch unstrittig ist, dass Information unsere soziale, ökonomische und politische Welt zunehmend und auf eine bislang noch nicht gekannte Weise beeinflussen und damit prägen.

Im Berufsalltag und im Privaten stellt sich häufig folgende Frage: Wie soll man die tägliche Informationsflut bewältigen, Wichtiges von Unwichtigem zu unterscheiden, die relevanten Informationen dann sorgfältig strukturieren und bei Bedarf abrufen oder weiterverarbeiten?

Erschwerend kommt der Umstand hinzu, dass sich diese Informationen häufig auf unterschiedlichen Geräten befinden. Somit wird es schwieriger, diese Daten im Blick oder einfach nur bei Bedarf parat zu haben. Während der Abgleich zwischen zwei Desktop-Rechnern, zum Beispiel einer zu Hause und einer im Büro, noch relativ einfach zu bewerkstelligen ist, ist die Datensynchronsisierung zwischen einem Notebook und einem Smartphone schon deutlich komplexer. Doch all diese typischen Hürden nehmen Sie mit Evernote problemlos, denn das digitale Notizbuch kann nicht nur auf allen relevanten Desktop- und mobilen Plattformen ausgeführt werden, sondern verfügt sogar über einen Synchronisationsmechanismus, der die Daten automatisch zwischen den verschiedenen Speichern abgleicht.

In diesem Kapitel schauen wir uns die Grundfunktionen von Evernote an. Sie lernen die Benutzerschnittstelle und die typischen Schritte beim Anlegen, Verwalten, Organisieren und Durchsuchen kennen. Wir schnuppern auch hier und da in verschiedene fortgeschrittene Themenbereiche herein. Im weiteren Verlauf dieses Buchs werfen wir dann einen genaueren Blick auf die vielfältigen Funktionen und Möglichkeiten von Evernote.

1.1 Die Startseite von Evernote

Evernote ist in verschiedenen Varianten für Mac OS X und Windows sowie für die wichtigsten mobilen Betriebssysteme verfügbar. Aufgrund der Dominanz des Microsoft Betriebssystems, das im Desktop-Bereich nach wie vor einen Marktanteil von weit über 80 Prozent erreicht, liegt der Schwerpunkt dieses Buchs auf dem Windows-Betriebssystem. In diesem Einstieg schauen wir uns den Windows-Desktop-Client an. Dessen Eigenschaften, Funktionen und Bedienelementen begegnen Sie auch in anderen Evernote-Varianten.

Die Benutzeroberfläche ist in vier Bereiche unterteilt: Im oberen Bereich finden Sie die Menü- und Symbolleiste, darunter links die Seitenleisten, unmittelbar daneben die Notizenleiste und rechts den sogenannten Notizeditor.

Die Startseite von Evernote

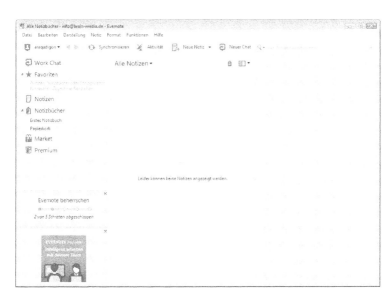

Der Startbildschirm von Evernote unter Windows.

Die Seitenleiste bietet Ihnen einen hierarchischen Blick auf die Inhalte und Funktionen von Evernote. Sie stellt Ihnen vielfältige Möglichkeiten zur Navigation in Ihrem Evernote-Konto zur Verfügung.

Die Notizenleiste führt alle Notizen in Ihrem Evernote-Konto auf, wobei die zuletzt aktualisierten Notizen zuerst aufgeführt werden. Wenn Sie eine Suche in Ihrem Datenbestand durchführen, werden die Suchergebnisse ebenfalls in der Notizenleiste angezeigt.

Mit das wichtigste Werkzeug in Evernote ist der Notizeditor. Damit erstellen, lesen und bearbeiten Sie Ihre Notizen. Er zeigt die aktuell aus der Notizenliste ausgewählte Notiz an. Im Notizeditor wird standardmäßig beim Starten von Evernote die zuletzt aktualisierte Notiz geöffnet.

Über die Menüleiste stehen – wie bei allen gängigen Desktop-Programmen – die verfügbaren Funktionen zur Verfügung. Für den schnellen Zugriff auf die am häufigsten verwendeten Funktionen verwenden Sie die Evernote-Symbolleiste. Sie präsentiert Ihnen links die Schaltfläche *Kontoinformationen*. Mit einem Klick auf diese Schaltfläche können Sie das aktuell verwendete Evernote-Konto abrufen und ein neues Evernote Konto hinzuzufügen. Auch das Abmelden ist hier möglich.

Der Zugriff auf die Evernote-Konten.

Sie ahnen es schon: Sie können mit Evernote nicht nur ein Konto nutzen, sondern mehrere. Wir kommen weiter unten darauf zu sprechen. Unmittelbar rechts neben den Kontoinformationen finden Sie die Navigationsschaltflächen. Mit diesen können Sie sich im Verlauf vor und zurückbewegen – ähnlich, wie Sie es von Ihrem Webbrowser kennen.

Evernote ist standardmäßig so konfiguriert, dass der digitale Notizblock seine Daten alle fünf Minuten mit einem Evernote-Server und mit anderen Clients abgleicht. Sie können diesen Abgleich aber auch manuell anstoßen. Damit stellen Sie sicher, dass die Informationen in Ihrem Evernote-Konto immer und überall, wo Sie Zugriff auf Evernote haben – ob Telefon, Tablet-PC, Computer oder im Internet – verfügbar sind. Klicken Sie für den manuellen Abgleich auf die Schaltfläche *Synchronisieren*. Während des Synchronisationsvorgangs wird der Doppelpfeil blau eingefärbt:

Die manuelle Synchronisation läuft.

Mit einem Klick auf die Schaltfläche *Aktivität* öffnen Sie die sogenannte Aktivitätenanzeige. Der können Sie entnehmen, was sich zuletzt in Ihren gemeinsamen Notizen, Notizbüchern und vernetzten Notizbüchern getan hat. Damit andere auf Ihre Daten und Evernote-Bereiche zugreifen können, müssen Sie diesen zunächst Zugang gewähren.

Die Hauptaufgabe von Evernote ist das Erstellen von Notizen. Die legen Sie besonders einfach mit einem Klick auf die Schaltfläche *Neue Notiz* an. Ein Klick generiert im aktuell geöffneten Notizbuch eine neue leere Notiz, die Sie dann im nächsten Schritt mit Inhalten füllen können.

Sie können aber nicht nur einfache Textnotizen anlegen, sondern auch weitere Notiztypen erzeugen. Dazu öffnen Sie das Auswahlmenü mit einem Klick auf das Pfeilsymbol neben der Schaltfläche *Neue Notiz*. Er erlaubt Ihnen das Erstellen vier weiterer Notiztypen:

- Handschriftliche Notiz
- Audio-Notiz
- Webcam-Notiz
- Screenshot

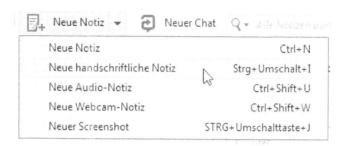

Das Erstellen einer neuen Notiz.

Die Symbolleiste erlaubt außerdem die Durchführung von Chat-Sessions. Dazu klicken Sie auf die Schaltfläche *Neuer Chat*.

Schließlich stellt Ihnen Evernote über die Symbolleiste eine äußerst komfortable Suchfunktion zur Verfügung. Mit der Suche können Sie Notizen nach Stichwörtern, Plätzen, Schlagwörtern und vielem mehr durchforsten. Dabei durchsucht Evernote sowohl Titel und Inhalt als auch den Text von Bildern, die an Ihre Notizen angehängt haben. Und: Sie können Suchanfragen für eine spätere Verwendung speichern und zu einem späteren Zeitpunkt erneut darauf zugreifen.

1.2 Notizen erstellen

Wenn Sie an Ihre gelben Post-its, ein klassisches Notizbuch oder an andere Formen der Notizzettel denken, erkennen Sie schnell deren Beschränkungen: Die taugen allesamt mehr oder minder nur für Textaufzeichnungen. Zwar kann man in ein kleines Notizbüchlein immer noch Fotos stecken, doch ist dann auch da bereits Schluss mit der Flexibilität, ganz zu schweigen von weitergehenden Bearbeitungsmöglichkeiten.

Das Tolle an Evernote: Eine Evernote-Notiz kann Text, Bilder, Dateien, Ton- und Videoaufnahmen und vieles mehr enthalten. Nicht minder wichtig: Der digitale Notizblick kann herkömmlichen Text genauso durchsuchen wie Ihre handschriftlichen Aufzeichnungen sowie in Notizen eingefügte Bildern und deren Textinhalte.

Um eine ersten Notiz in Evernote anzulegen, klicken Sie in der Symbolleiste auf die Schaltfläche *Neue Notiz*. Evernote erzeugt die ersten Notizen und öffnet den Notizeditor, der Ihnen das Füllen des virtuellen Notizzettels mit den gewünschten Informationen erlaubt.

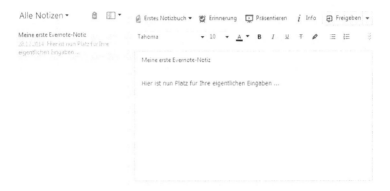

Die ersten Evernote-Notiz ist angelegt.

Sowie Sie eine Notiz angelegt haben, wird diese automatisch in Evernote gespeichert. Sie müssen keinen Speichern-Button betätigen oder eine sonstige Aktion ausführen. Ihre Notiz wird automatisch mit allen anderen Geräten, auf denen Sie das gleiche Konto verwenden, synchronisiert.

Wie Sie von der E-Mail kennen, können Sie einfach verschiedene Dateitypen an eine Notiz hinzufügen. Besonders einfach geht das per Drag&Drop: Ziehen Sie einfach die gewünschte Datei in den Notizzettel. Alternativ verwenden Sie die bei beiden Schaltflächen, die Ihnen die Formatleiste zum Einfügen von Audiodateien und anderen Dateitypen zur Verfügung stellen. Mit einem Klick auf das Mikrofonsymbol erweitern Sie den Notizeditor um Aufnahmefunktionen.

Wenn Sie in den Texteditor klicken, blendet Evernote die Formatleiste ein, mit der Sie Ihren Texten einfache Formatierungen zuweisen können, wie Sie diese von einer Textverarbeitung wie MS Word oder OpenOffice/LibreOffice Writer kennen. Über die Formatleiste sind zwei Werkzeuge verfügbar:

- **Schriftwerkzeuge**: Mit diesen Werkzeugen können Sie die Schriftart, Schriftgröße und Schriftstil der Inhalte bearbeiten.

- **Layout- und Spezialwerkzeug**: Diese Funktionen dienen dem Ausrichten von Text oder Erzeugen symbol- oder zahlengegliederter Listen. Sie können damit auch Elemente wie Kontrollkästchen, Tabellen oder horizontaler Linien einfügen.

Wenn Sie Texte aus Drittquellen kopiert haben und diese dann in Evernote weiter verarbeiten wollen (beispielsweise auf einer Textverarbeitung oder von Web-Seiten), können Sie die Textformatierung wie Fett- und Kursivschrift, Schriftgröße etc. entfernen. Der Notizeditor übernimmt in der Regel bestehende Gestaltungen.

Evernote bietet verschiedene Möglichkeiten zum Entfernen der Formatierung:

- **Als Nur-Text einfügen**: Üblicherweise werden Texte per Drag&Drop in eine Notiz einzufügen. Soll der Text allerdings ohne Formatierungen eingefügt werden, verwenden Sie den Befehl *Bearbeiten > Als Text einfügen*.

- **In reinen Text umwandeln**: Evernote bietet Ihnen die Möglichkeit, von bereits eingefügtem Text die Formatierungen zu entfernen. Dazu führen Sie den Befehl *Format > In reinen Text umwandeln* aus. Damit wird der gesamten Notiz eine Standardschriftgröße, -farbe und einen Standardzeilenabstand zugewiesen. Grundformatierungen wie Fett- und Kursivschrift, Unterstreichen, Hyperlinks und Aufzählungssymbole bleiben dabei allerdings erhalten.

- **Formatierung entfernen**: Schließlich existiert eine dritte Möglichkeit. Mit dem Befehl *Format > Formatierung entfernen* entfernen Sie die Textformatierung.

Das Nachbearbeiten und Ergänzen von Notizen sind die häufigsten Aktionen, die Sie neben dem Anlegen von neuen Merkzetteln durchführen. Auch das ist – wie so vieles in Evernote – sehr einfach: Um eine bestimmte Notiz zu bearbeiten, markieren Sie diese in der Notizenleiste und klicken dann in die Notiz. Mit Hilfe der Maus oder den Cursor-Tasten navigieren zu den Stellen, die Sie bearbeiten wollen.

Mit einem Doppelklick auf eine Notiz in der Notizliste öffnen Sie diese in einem separaten Fenster. Das vereinfacht für den einen oder anderen Benutzer die Bearbeitung. Das separate Fenster schließen Sie, indem Sie auf das Schließen-Symbol in der rechten oberen Ecke klicken. Der virtuelle Notizzettel wird wieder in das Notizbuch eingehängt.

Wird eine Notiz nicht länger benötigt, so kann Sie einfach aus dem Notizbuch entfernt werden. Der einfachste Weg: Markieren Sie den Notizbucheintrag und betätigen Sie die *ENTF*-Taste Ihrer Tastatur. Alternativ markieren Sie den zugehörigen Listeneintrag und führen Sie aus dem Kontextmenü der rechten Maustaste den Befehl *Notiz löschen* aus.

Beachten Sie, dass beim Löschen keine Warnung erfolgt. Doch der Zettel ist nicht für alle Zeiten verloren. Vielmehr landen die gelöschten Notizen im Papierkorb und können jederzeit gesichtet und wiederherstellt werden.

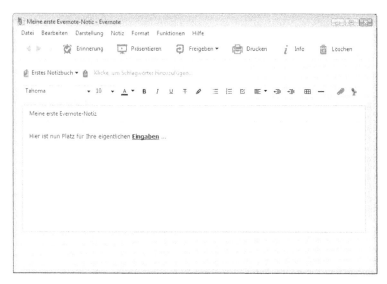

Eine Notiz wird in einem separaten Fenster geöffnet.

1.3 Evernote als Erinnerungsspezialist

Damit Ihnen in Ihrem Alltag keine wichtigen Termine und Aufgaben entgehen, können Sie Notizen mit Erinnerungen versehen und sich so rechtzeitig auf bestimmte Fakten hinweisen.

Das Anlegen einer Erinnerung ist einfach: Öffnen Sie die Notiz und klicken Sie im Notizeditor auf die Schaltfläche *Erinnerung*. Mit *Datum hinzufügen* bestimmen Sie in dem Miniaturkalender den Zeitpunkt, an dem Sie auf den Notizzettel hingewiesen werden wollen. Neben dem Datum können Sie auch den Zeitpunkt festlegen. Besonders einfach kann die Alarmierung am Folgetag bzw. in der Folgewoche ausgegeben werden: Dazu klicken Sie auf die Schaltfläche *Morgen* bzw. *In einer Woche*.

Evernote legt automatisch einen Erinnerungseintrag in der Notizliste an. Dort kann der Eintrag einfach aufgerufen, bearbeitet und gelöscht werden.

Eine Erinnerung wird angelegt.

Evernote kennt zwei Benachrichtigungsvarianten, die Sie auf eine fällige Notiz hinweisen:

- **Pop-up-Benachrichtigung**: Das ist die Standardalarmvariante. Sie blendet einen Pop-up-Dialog ein, in dem Sie den Alarm dann entweder abstellen oder die Notiz öffnen, um auf deren Inhalt zuzugreifen.

- **E-Mail-Benachrichtigung**: Diese Variante verschickt am Erinnerungsdatum eine E-Mail.

Die E-Mail-Benachrichtigung muss dazu über *Funktionen > Optionen* aktiviert werden. Auf der Registerkarte *Erinnerungen* aktivieren Sie das Kontrollkästchen *E-Mails mit Erinnerungen erhalten*.

In der Regel ist es sinnvoll, beide Alarmvarianten zu verwenden. Da sie sich nicht ausschließen, sondern ergänzen, sollten Sie beide nutzen – damit Ihnen keine wichtige Notiz und der zugehörige Inhalt entgehen.

Evernote bietet Ihnen verschiedene Möglichkeiten für den Umgang mit Alarmen und Hinweisen. In der Notizliste finden Sie die angelegten Erinnerungen. Dort wird die Anzahl der Hinweise angezeigt und Sie können über das Einstellungen-Symbol (Zahnrad) die Reihenfolge und Ansicht bearbeiten.

In der Notizliste können Sie links jeder Erinnerung einen Alarm als *Erledigt* bzw. als *Nicht mehr benötigt* markieren. Auch der Notizeditor bietet Ihnen Verarbeitungsmöglichkeiten, wenn für eine Notiz eine Erinnerung angelegt ist. Öffnen Sie dazu die Notiz, klicken Sie auf die Schaltfläche *Erinnerung* und wählen Sie einen der drei folgenden Befehle:

- Als erledigt markieren
- Erinnerung löschen
- Datum hinzufügen/ändern/entfernen

Der Umgang mit Hinweisen im Notizeditor.

Schließlich können Sie die Erinnerungen in der Liste neu sortieren. Dazu markieren Sie einen Alarmeintrag und ziehen diesen mit gedrückter linker Maustaste auf eine neue Position.

Die Erinnerungen werden – wie die Notizen auch – automatisch nach dem Erstellen gespeichert und zwischen den verschiedenen Clients synchronisiert. Auch hier ist also sichergestellt, dass Ihnen auf keinem Gerät eine wichtige Erinnerung entgeht, auch dann nicht, wenn Sie einige Tage nicht mit einem bestimmten Gerät arbeiten.

1.4 Notizen synchronisieren

Ein wesentliches Merkmal von Evernote ist die Möglichkeit, Daten zwischen den verschiedenen Geräten abzugleichen. Egal, ob Sie im Büro mit einem Desktop-Rechner, unterwegs mit einem Android-Smartphone, zuhause vorzugsweise ein iPad einsetzen oder im Urlaub ein Internet-Cafe besuchen: Auf allen Geräten stehen Ihnen orts- und zeitunabhängig die gleichen Informationen und Daten zur Verfügung. Auch die Bearbeitungsfunktionen und Suchfunktionen sind überall weitgehend identisch.

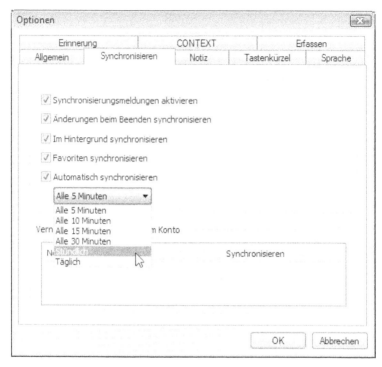

Die Konfiguration des Datenabgleichs.

Wie bereits erwähnt, ist Evernote standardmäßig für den automatischen Datenabgleich konfiguriert, der alle 5 Minuten erfolgt. Je nach Nutzung und Einsatzbereich kann es sinnvoll sein, die Synchronisation seltener durchzuführen. In den Programmoptionen können Sie mit dem Menübefehl *Funktionen > Optionen* auf der Registerkarte *Synchronisieren* verschiedene Anpassungen vornehmen. Sie können beispielsweise das Intervall verändern und die Ausgabe von Synchronisierungsmeldungen deaktivieren.

Ein manueller Abgleich ist in der Regel nicht notwendig, da Evernote bei jeder Änderungen eine Synchronisation durchführt. Aber um sicherzugehen, dass die Daten mit allen anderen Geräten synchronisiert werden, klicken Sie auf die *Synchronisieren*-Schaltfläche in der Symbolleiste.

1.5 Wer suchet, der findet

Dass Evernote ein wahrer Meister beim Aufspüren von Informationen ist, die in Ihren Notizen enthalten sind, hatte ich bereits oben angedeutet. Werfen wir einen genaueren Blick auf die Funktionen zum Durchsuchen Ihrer Notizen.

Sie können insbesondere das Suchergebnis, das Ihnen Evernote nach der Suche in der Notizenliste präsentiert, dazu nutzen, die weitere Recherche gezielt einzuschränken und so exakt die Informationen aufspüren, die für Sie von Bedeutung sind.

Die Ansichtsoptionen.

Da die Ergebnisse eine Suche wie alle anderen Notizen auch in der Notizenliste aufgeführt werden, können Sie dort die in der Normalansicht verfügbaren Funktionen nutzen, um die Darstellung entsprechend Ihren Wünschen und Bedürfnissen anzupassen.

Mit einem Klick auf das Optionen-Menü (das zugehörige Symbol finden Sie in der rechten oberen Ecke der Notizenleiste) können Sie die Ansicht gezielt verändern.

Sie können zunächst folgende Darstellungsvarianten verwenden:

- **Liste**: In dieser Variante präsentiert Ihnen Evernote eine Liste Ihrer Notizen mit dem Notiztitel und weiteren Informationen.

- **Ausschnitt**: In dieser Variante zeigt Ihnen Evernote die Notizen in einer Liste, die zusätzlich den Titel, einen Ausschnitt und gegebenenfalls eine Miniaturansicht eines Bilds enthält. Hierbei handelt es sich um die Standarddarstellung.

- **Karte**: Bei der dritten Variante werden Notizen als Karten mit Ausschnitten aus der Notiz über der Miniaturansicht eines angehängten Bilds angezeigt.

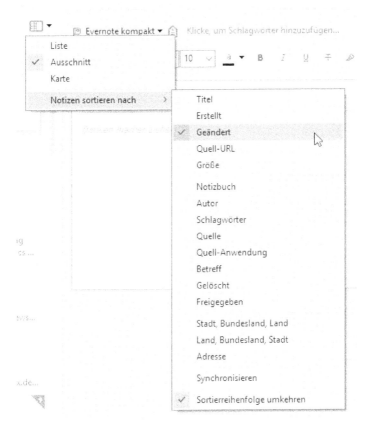

**Die optimale Sortierung hilft bei der
Suche nach bestimmten Inhalten.**

Die Ansichtsoptionen bieten mit dem Untermenü *Notizen sortieren* noch eine weitere praktische Möglichkeit, die Darstellung der Notizen zu verändern. Für die neue Sortierung Ihrer Notizen können Sie die verschiedensten Kriterien verwenden.

Als alternative Kriterien können Sie den Titel, das Erstelldatum, die Größe, das Notizbuch oder den Autor verwenden. Standardmäßig sortiert Evernote die Notizen nach dem Datum der letzten Änderung. Die aktivierten Optionen *Geändert* und *Sortierreihenfolge umkehren* sorgen dafür, dass die zuletzt geänderten Notizen oben in der Liste aufgeführt werden.

Die Suche nach Notizbüchern.

Wenn Sie Evernote sehr intensiv nutzen, entstehen nicht nur bergeweise Notizen, sondern auch jede Menge Notizbücher. Über die Seitenleiste können Sie die Ansicht auf Notizbücher beschränken. Dazu klicken Sie auf den Eintrag *Notizbücher*. Evernote präsentiert Ihnen rechts die angelegten Notizbücher und stellt Ihnen oberhalb eine Suche zur Verfügung, über die Sie auch nach Ihren Büchern recherchieren können.

Wenn Sie mehrere Notizbücher erstellt haben, wird die Suchfunktion des Notizeditors um ein Auswahlmenü erweitert und erlaubt dann beispielsweise die Beschränkung der Suche auf ein Notizbuch. Existieren mehrere Notizbücher, können Sie die Notizliste auf bestimmte Notizbücher beschränken.

Die Verwendung von Schlagwörtern für Ihre Suche.

Eine weitere sehr nützliche Funktion für die Kennzeichnung und spätere Suche von Inhalten sind die Schlagwörter, auch Tags genannt. Damit können Sie Notizen um inhaltliche oder projektbezogene Stichwörter erweitern. Nach dem Anlegen und Zuweisen von ersten Schlagwörtern können Sie über die Seitenleiste die Ansicht auf die passenden Notizen einschränken und auch die Suche nach Schlagwörtern durchführen.

Für die schnelle Suche stehen Ihnen weitere Funktionen zur Verfügung. Sie können beispielsweise Notizen als Favoriten kennzeichnen. Dann sind Sie auch über die Seitenleiste in der Kategorie *Favoriten* zugänglich. Auch die Aktivitätenanzeige kann für die Suche nach bestimmten Notizen verwendet werden, die Sie mit anderen Personen geteilt haben. Mit Hilfe des Atlas können Sie auch nach ortsbezogenen Aufzeichnungen suchen. Hierfür stehen Ihnen die Standort- und die Stadtplanansichten zur Verfügung.

Sie haben hier einige der wichtigsten Möglichkeiten für die Suche nach Notizen und Inhalten kennengelernt.

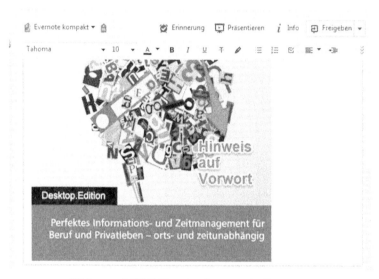

Bilder und PDF-Dateien können in Evernote kommentiert und beschriftet werden.

1.6 Inhalte beschriften und kommentieren

Ich hatte es oben bereits angedeutet: Sie können Bilder und PDF-Dokumente in Ihre Notizen einfügen und so Evernote in eine multimediale Ablage verwandeln. Dazu ziehen Sie am einfachsten die gewünschten Inhalte in eine Notiz.

Doch es kommt noch besser: Sie können diese Elemente beschriften und kommentieren. Diese Funktionen eignen sich hervorragend, um Freunden, Kollegen oder Kunden ein visuelles Feedback zu geben. Sie können die Bilder und PDF-Dokumente um Pfeile, Texte, Formen, Zeichnungen und Stempel ergänzen. Auch das Ausschneiden von Bereichen und Unkenntlichmachen (Verpixeln) ist mit dem integrierten Editor möglich.

Die Handhabung dieser Funktion ist einfach: Führen Sie den Mauszeiger über das betreffende Element, bis der Hinweis *Mit Anmerkung versehen* eingeblendet wird. Mit einem Klick auf diesen Hinweis wird das Bearbeitungswerkzeug geöffnet.

1.7 *Organisationstalent*

Damit Sie den Überblick über Ihren ganzen Anmerkungen und Aufzeichnungen nicht verlieren, benötigen Sie Funktionen, mit denen Sie Ordnung in Ihr Ablagesystem bringen.

Die wichtigste Funktion, um Notizen zu organisieren, stellen die Notizbücher dar. Sie können in allen drei Evernote-Varianten 250 Notizbücher anlegen. Das sollte mehr als ausreichend für den typischen Anwender sein. Auch der Business-Anwender sollte damit auskommen. Die Notizbuchgröße ist bei der kostenlosen Version auf 25 MB beschränkt, Evernote Premium- und Business-Benutzer können satte 100 MB in jedem Buch speichern.

Nach der Erstinstallation verfügt Evernote über ein Standardnotizbuch mit der Bezeichnung *Erstes Notizbuch*. Das können Sie jederzeit umbenennen oder löschen.

Das Erstellen eines neuen Notizbuches.

Um ein neues Notizbuch anzulegen, öffnen Sie über die Seitenleiste die Notizbuchansicht. Dort klicken Sie im Kopfbereich auf die Schaltfläche *Neues Notizbuch*. Im Dialog *Notizbuch erstellen* bezeichnen Sie die neue Ablage und klicken auf *OK*. Das Buch finden Sie anschließend in der Notizbuchliste.

Neue Notizen werden automatisch dem Standardnotizbuch hinzugefügt. Sie können natürlich jedes neue Notizbuch als neue Standardablage einrichten. Dazu markieren Sie das gewünschte Buch mit der rechten Maustaste und führen aus dem Kontextmenü den Befehl *Eigenschaften* aus. Dort aktivieren Sie das Kontrollkästchen *Als Standardnotizbuch verwenden*. Sollte die Option bereits aktiviert sein, wissen Sie, dass es sich um die Standardablage handelt.

Das Notizbuch ist als Standardablage eingerichtet.

Um eine Notiz einem Notizbuch hinzuzufügen, wechseln Sie auf der Seitenleiste zu *Notizen*. Alternativ klicken Sie in der Symbolleiste auf *Neue Notiz*. Soll die neue Aufzeichnung nicht dem Standard-, sondern einem anderen Notizbuch hinzufügt werden, bestimmen Sie dieses im Notizeditor über das Notizbuch-Auswahlmenü. Die neue Notiz wird automatisch gespeichert und unmittelbar mit anderen Geräten abgeglichen.

Sollte die Erstbezeichnung des angelegten Notizbuchs nicht Ihren Vorstellungen entsprechen, können Sie diese mit einem Rechtsklick auf die Notizbuchbezeichnung ändern. Das Kontextmenü der rechten Maustaste erlaubt auch das Löschen und die Freigabe der Inhalte.

Vermutlich haben Sie sich bereits die Frage gestellt, ob Sie auch verschachtelte Notizbuch-Strukturen anlegen können, um beispielsweise Ihre Aufzeichnungen bei größeren Projekten in verschiedene Ablagen sichern können. Die gute Nachricht: Ja, auch das geht – und zwar mit wenig Aufwand. Evernote nennt diese verschachtelten Strukturen Notizbuch-Stapel.

Die können damit beispielsweise ein Notizbuch mit der Bezeichnung *Hausbau* anlegen und diese mit den Unterbüchern *Architekt*, *Bauträger*, *UBA*, *Handwerker*, *Sonstiges* etc. befüllen.

Das Anlegen einer solchen Struktur ist recht einfach. Legen Sie den Hauptordner und zumindest einen Unterordner an. Dann weisen Sie den Unterordner per Drag&Drop dem übergeordneten Notizbuch zu. Alternativ können Sie mithilfe der rechten Maustaste innerhalb eines Buches diesem ein Unterbuch zuweisen. Evernote bezeichnet diese Strukturen immer mit *Notiz-Stapel1*, *Notiz-Stapel2* etc. Diese Bezeichnung sollte nach dem Anlegen der Grundstruktur wieder geändert werden. Ein Manko dieser Verschachtelung ist sicherlich, dass Sie einer höchsten Ebene nur eine zusätzliche Ebene hinzufügen können.

Stapel und Notizbücher können einfach gelöscht werden: Markieren Sie diese und betätigen Sie die *ENTF*-Taste Ihrer Tastatur. Alternativ verwenden Sie den *Löschen*-Befehl aus dem Kontextmenü der rechten Maustaste. Auch Ordner und Stapel können wieder den Favoriten hinzufügt werden.

Der Zugriff auf die verschiedenen Freigabefunktionen.

1.8 Notizen freigeben

Wenn Sie nicht gerade zu den Einzelkämpfern gehören, die als Einzelperson oder Ein-Mann-Unternehmen durch die Welt ziehen, wollen Sie vermutlich hin und wieder Informationen Dritten zur Verfügung stellen. Bereits die kostenfreie Basisversion von Evernote bietet einige Funktionen zum Austauschen von Informationen und zur Zusammenarbeit. Evernote erlaubt Ihnen das Teilen jeder Notiz per E-Mail, über Soziale Netzwerke und das Internet. Und das Beste dabei: Der Empfänger muss selbst nicht mit Evernote arbeiten.

Das Freigeben ist einfach: Öffnen Sie die Notiz, die Sie anderen zugänglich machen wollen, und klicken auf die Schaltfläche *Freigeben*. Das zugehörige Auswahlmenü stellt Ihnen folgende Optionen zur Verfügung:

- **Im Work Chat freigeben**: Diese Option öffnet das Chat-Modul, in dem Sie u. a. Gmail- und Outlook-Kontakte zu einem Chat einladen können.

- **Freigabe-URL**: Diese Option kopiert die Freigabe-URL in die Zwischenablage und kann anschließend gemeinsam mit anderen genutzt werden. Sie können diese URL dann beispielsweise per E-Mail an Dritte weitergeben. Die Notiz ist dann über die Evernote-Website verfügbar. Dort kann es bei der Basisversion allerdings nur begutachtet, nicht aber bearbeitet werden.

- **Per E-Mail senden**: Mit dieser Option können Sie die Aufzeichnung als E-Mail versenden. Geben Sie dazu die Empfänger-Adresse an und bringen Sie die Nachricht auf den Weg. Die mit Ihrem Evernote Konto verknüpfte E-Mail-Adresse wird als Absender auf Empfängerseiten angezeigt.

- **Sozial**: Dieser Menüeintrag bietet drei Untermenüs, mit denen Sie Ihre Notiz an drei verschiedenen Soziale Netzwerke versenden können:

    o In Facebook veröffentlichen: Verwenden Sie diese Option, um den Inhalt der Notiz auf Ihrer Facebook-Pinnwand zu posten. Sie werden zu Facebook weitergeleitet und müssen bestätigen, dass die Aktualisierung veröffentlicht werden soll.

    o Auf Twitter posten: Mit dieser Option können Sie den Inhalt der Notiz twittern. Auch hier werden Sie zu Twitter weitergeleitet und müssen die Veröffentlichung freigeben.

- o Auf LinkedIn posten: Mit der dritten Option können Sie den Inhalt Ihrer Notiz als Aktualisierung auf Ihrem LinkedIn-Konto posten. Auch hier werden Sie an den Dienst weitergeleitet.

Schließlich können Sie die Freigabe ändern und Anpassungen an der Freigabe vornehmen. Sie können auch Ihre Notizbücher als Ganzes freigeben. Dazu verwenden Sie die Freigabefunktion des Kontextmenüs der rechten Maustaste. Damit der Dritte mit Ihren Dokumenten arbeiten kann, muss er ebenfalls über ein Evernote-Konto verfügen und sich über die Freigabe-URL anmelden.

1.9 Evernote aufgebohrt

Eine der tollen Eigenschaften von Evernote ist seine Erweiterbarkeit. Sie können Evernote um verschiedene Apps und Zusatzmodule erweitern. Einige sind plattformspezifisch verfügbar, andere wieder für alle Desktop- und mobilen Plattformen. Wieder andere integrieren sich in Drittanwendungen.

Anhand eines einfachen Beispiels möchte ich Ihnen diese Möglichkeit zeigen. Mit Evernote Web Clipper steht Ihnen eine Browser-Erweiterung zur Verfügung, mit der Sie beim Surfen im Internet beispielsweise Textpassagen, Artikel und sogar komplette Webseiten speichern, kommentieren und weitergeben können. Lesezeichen und offene Registerkarten gehören damit der Vergangenheit an.

Mit dem Web Clipper können Sie Web-Inhalte einfach und bequem in Ihrem Notizbuch festhalten.

Neben verschiedenen offiziellen Erweiterungen finden Sie im sogenannten Evernote App Center (*https://appcenter.evernote.com/de/*) eine Fülle an weiteren Anwendungen rum um den digitalen Notizblock. Laut Angaben der Evernote-Entwickler arbeiten weltweit über 15.000 Entwickler an App und Diensten.

Neben diesen offiziellen und inoffiziellen Erweiterungen und Zusätzen stellt Ihnen auch Evernote selbst mit beiden Evernote-Varianten Premium und Business einen größeren Funktionsumfang zur Verfügung. Mit Evernote Premium erhalten Sie beispielsweise ein Upload-Volumen von 4 GB pro Monat. Bei der Basisversion sind es gerade einmal 60 MB. Diese Version kann auch Visitenkarten einscannen, in eingescannten PDF-Dokumenten suchen und unterstützt verwandte Notizen.

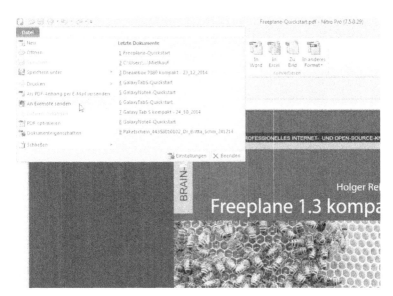

**Der PDF-Spezialist NitroPDF ist beispielsweise bestens
für das Zusammenspiel mit Evernote gerüstet.**

Im App Center können Sie über die Startseite bequem für Ihre Plattform prüfen, welche Anwendungen bereits für das Zusammenspiel mit Evernote vorbereitet sind. Ein gelungenes Beispiel stellt der PDF-Konverter NitroPDF dar. Über das *Datei*-Menü können Sie ein geöffnetes PDF-Dokument an Evernote weiterreichen.

1.10 Kritik

Bei aller Begeisterung für Evernote möchte ich aber auch noch kurz auf einen kritischen Punkt zu sprechen kommen. Alle Daten, die Sie in Ihren Notizen und Notizbüchern ablegen, landen in einer Cloud, die Evernote auf seinen amerikanischen Servern verwaltet. Die Evernote-Clients sind lediglich Schnittstellen für den Online-Dienst, auch wenn man bei den Desktop-Clients hin und wieder den Eindruck bekommt, als würden die Daten nur auf dem jeweiligen Rechner gespeichert.

Insbesondere aufgrund der Cloud-basierten Speicherung ist ein hohes Maß an Vertrauen in den Online-Dienst gefragt, dass dieser sorgsam mit den Daten seiner Kunden umgeht. Zwar können Sie – wie wir später noch sehen werden – Ihre Daten verschlüsseln, doch ist auch das nur ein schwacher Trost, denn Evernote könnte diesen Schutz einfach knacken.

Aufgrund von restriktiven Sicherheitsbestimmungen in Unternehmen dürfte die Verwendung von öffentlichen Cloud-Speichern, und Evernote ist letztlich nichts anderes, oftmals ohnehin nicht zulässig sein. Hier muss im Einzelfall geprüft werden, ob eine Verwendung überhaupt möglich ist.

Mit Evernote als Dreh- und Angelpunkt können Sie sich weiteren Aufgaben und Tools zuwenden. Wenn Sie mehr über Evernote wissen wollen, finden Sie in meinem FreeBook „Evernote kompakt" jede Menge weiterführende Informationen. Das Buch steht unter *http://www.brain-media.de/freebooks.html* zum kostenlosen Download bereit.

Digitaler Notizblock

2 Ideen sammeln und verwalten

Keine Frage: Mindmaps gelten als sehr effiziente Technik zur Steigerung der Kreativität und haben sich längst in vielen Bereichen etabliert. Sie helfen, Gedanken zu sortieren und Überlegungen in andere Zusammenhänge zu bringen. Unser Denken ist kein linearer, sondern ein sehr komplexer Prozess, bei dem sich die verschiedensten Strukturen bilden und wieder verworfen werden. Das menschliche Gehirn kann dabei unterschiedlichste Informationen miteinander verknüpfen, diese neu anordnen und somit in völlig neue Zusammenhänge bringen.

Aus dieser Erkenntnis heraus hat Tony Buzan die Mindmapping-Technik entwickelt. Sie berücksichtigt die Komplexität unseres Gehirns und unseres Denkens. Sie berücksichtigt auch die Tatsache, dass unser Gehirn zwei Hälften mit unterschiedlichen Aufgabenbereichen besitzt: Während der linken Gehirnhälfe das rationale Denken, Logik, Sprache, Zahlen und analytische Fähigkeiten zugeordnet werden, ist der rechte Teil unseres Gehirns für Kreativität, Phantasie, musikalische und andere kreative Fähigkeiten verantwortlich.

Mit der Mindmapping-Technik versucht nun, eine Brücke zwischen beiden Bereichen zu schlagen. Dazu werden beide Gehinregionen angesprochen. Dadurch ergeben sich Synergieeffekte, die zu einer deutlichen Leistungssteigerung führen.

Und wie lässt sich dieser Leistungsgewinn nun in der Praxis erzielen? Bei den Mindmaps handelt es sich um grafisch gestaltete Skizzen, mit deren Hilfe unstrukturierte Informationen zu einem Problem oder einer Aufgabenstellung erfasst und sortiert werden können.

Dabei wird das Problem selbst in den Mittelpunkt der Zeichnung gerückt und mit grafischen Elementen wie Symbolen oder Skizzen erweitert. Das Ziel dabei: Durch die visuelle Gestaltung, die immer die Aufgabe – und damit die Lösung – im Fokus hat, wird die Kreativität des Bearbeiters angeregt.

Ausgehend von dem zentralen Begriff in der Mitte, werden der Mindmap dann Gedanken, Ideen, Gesichtspunkte und andere Aspekte hinzugefügt, die nach und nach zu einer baumartigen Struktur mit zahlreichen Ästen und Verzweigungen, eben einer Gedankenkarte, wächst. Ein wenig irreführend ist der Begriff der Map, Karte, schon, denn Mindmaps ähneln mehr einem Baum, als mit einer Karte. Das nachfolgende Beispiel zeigt dies anhand des Begriffs „Mindmap":

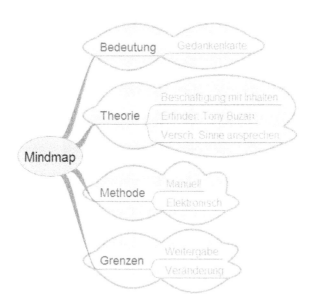

Ein Ausschnitt aus einer typischen Mindmap zum Thema.

Mindmaps sind stets individuell und nie fertig. Erstellt ein Anwender A eine Map zu einem bestimmten Themenkomplex, so sieht das Pendant eines Anwenders B vermutlich anderes aus. Ähnlich dürften sich die Mindmaps sein, mehr aber in der Regel nicht.

Sind mehrere Personen mit Mindmaps am gleichen Problem zugange, fallen die Arbeitsergebnisse immer unterschiedlich aus, da jeder andere Farben, Symbole oder Zeichnungen verwendet. Es gibt nicht nur gestalterische Unterschiede, sondern natürlich auch inhaltliche, denn jeder von uns bringt bei bestimmten Aufgabenstellungen oder Problemen andere Aspekte und verschiedene Perspektiven ein.

Und dies ist auch gut so, denn Mindmaps sollen ja gerade dabei helfen, die eigenen Gedankenstrukturen zu visualisieren, zu struktrurieren und neu zu verknüpfen, um die „optimale" Problemlösung zu entwickeln.

Wie nachstehendes Beispiel zeigt, sind Ihrer Kreativität keine Grenzen gesetzt. Mit Mindmaps können Sie beliebige Inhalte abbilden, neu strukturieren, sich optimal auf Prüfungen vorbereiten und vieles mehr.

Typischerweise entstehen Mindmaps auf dem Papier. Doch das ist mit verschiedenen Einschränkungen verknüpft. Das Bearbeiten von Mindmaps ist auf Papier gebrachten Gedanken umständlich, bisweilen sogar unmöglich. Schon das Neu-Anordnen von Zweigen ist bei der handwerklichen Methode sehr schwierig: Entweder zeichnet man die Map komplett neu, oder man behilft sich mit Schere und Klebstoff.

Deutlich flexibler sind Sie, wenn Sie Ihre Mindmaps am PC erstellen. Am Computer ist es oft eine Sache von wenigen Mausklicks. Mindmap-Programme wie FreeMind verfügen über jede Menge Funktionen und Hilfsmittel, mit denen das Gestalten eigener Mindmaps leicht von der Hand geht.

Zu den beliebtesten Mindmapping-Programmen gehört schon seit Jahren FreeMind (*http://freemind.sourceforge.net*). Das Programm wird von einem engagierten Team, das sich rund um Christian Foltin gruppiert hat, kontinuierlich weiterentwickelt.

**Ein Ausschnitt aus einer abgefahrenen Mindmap:
Diese Science Fiction-Map stammt von Ward Shelley
(Quelle: futurismic.com).**

Und das Beste: FreeMind ist Open Source. Sie können das Programm also kostenlos einsetzen. Das Mindmapping-Programm ist Java-basiert und kann auf allen gängigen Betriebssystmeen eingesetzt werden. Daher können Sie auch die mit Freemind erstellten Maps problemlos zwischen Linux-, Windows- und Mac-Systemen austauschen und weiterbearbeiten.

2.1 Erste Schritte mit FreeMind

FreeMind ist eine der wenigen Mindmap-Anwendungen, die auch für Mac OS X, Linux und Windows zur Verfügung stehen. Einer ihrer Vorteile besteht darin, dass die Java-Anwendung nicht nur unter Linux, sondern auch unter Windows und auf dem Mac eingesetzt werden kann. Auch die mit FreeMind erstellten Maps lassen sich auf den verschiedenen Plattformen problemlos austauschen und bearbeiten. In einigen sehr speziellen Funktionsbereichen kann FreeMind (noch) nicht mit kommerziellen Produkten dieser Art mithalten, doch die meisten Anwender werden das verkraften können, denn FreeMind bietet alle wichtigen Grundfunktionen und hat in der Gänze betrachtet einen bemerkenswerten Funktionsumfang.

Je nachdem, unter welchem Betriebssystem Sie FreeMind betreiben, müssen Sie unterschiedliche Kommandos bzw. Aktionen ausführen, um das Programm zu starten. Die Installation von FreeMind ist in Anhang A beschrieben.

Um die Anwendung unter Linux zu starten, führen Sie den Befehl *freemind.sh* aus. Ggf. müssen Sie der Datei zuvor noch Ausführungsrechte geben. Das erledigt der folgende Befehl in der Shell: *chmod u+x freemind.sh*. Um sich auf Dauer den lästigen Verzeichniswechsel zu ersparen, empfiehlt es sich, eine Verknüpfung auf den Desktop zu legen.

Unter Windows und Mac OS starten Sie die Anwendung mit einem Doppelklick auf das zughörige FreeMind-Symbol auf dem Desktop bzw. den Anwendungsordner.

FreeMind bietet eine Reihe von professionellen Features, wie sie sonst nur kommerzielle Programme mitbringen. So lassen sich verschlüsselte Knoten einbinden, Knoten verbinden, Änderungszeiten anzeigen und Änderungen markieren. Die Exportfunktionen, insbesondere nach HTML und mittels XSLT, sowie das XML-Format der Maps ermöglichen eine Vielzahl von Anwendungsmöglichkeiten. Die aktuelle Version von Freemind unterstützt nun auch das Hinzufügen von Notizen zu Knoten.

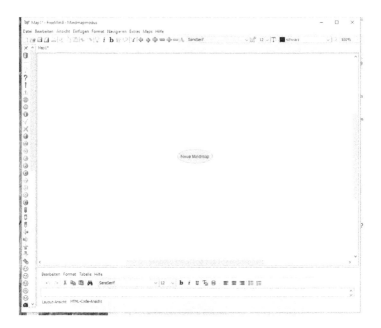

Ein erster Blick auf FreeMind.

FreeMind bietet eine beeindruckende Funktionalität. Knoten lassen sich mit lokalen oder ins Internet gerichteten Hyperlinks versehen, mit Icons aufpeppen und vielfältig formatieren; bei Bedarf auch mit HTML-Anweisungen. Bilder können eingebunden werden, Knoten lassen sich um Notizen erweitern. Das RTF-Format ermöglicht einen schnellen Austausch mit anderen Anwendungen, Drag & Drop wird ebenfalls unterstützt. Als Hilfsmittel stehen unter anderem ein Kalender, ein Zeitplan und eine History zur Verfügung.

Maps lassen sich ganz oder teilweise auslagern und sogar als HTML- oder Grafikdatei exportieren und so in Webseiten einbinden. Mit Hilfe eines Java-Applets oder eines Flash-Browsers können Sie Ihre Mindmaps sogar interaktiv in Ihren Web-Seiten einsetzen. Dabei stehen das Ein- und Ausklappen der Knoten ebenso zur Verfügung wie das Verfolgen von Links. Sogar eine Suchfunktion ist integriert. Lediglich das Ändern der Maps ist auf diese Weise unterbunden.

Auch die Zusammenarbeit in einem Team kann mit diesem Entwicklungswerkzeug gesteuert werden. Dabei ist FreeMind sehr flexibel an die Bedürfnisse des Anwenders anpassbar. Die Liste der Features ließe sich noch lange fortsetzen. Doch wenden wir uns der Praxis zu.

Im folgenden Abschnitt sehen Sie anhand eines kleinen Beispiels, wie Sie mit FreeMind sehr effektiv Ihre eigenen Maps gestalten können. Der zweite Abschnitt gibt Ihnen einen schnellen Überblick über die einzelnen Bereiche und Elemente der FreeMind-Schnittstelle. Hier finden Sie zahlreiche Tipps und Beispiele, wie Sie die einzelnen Funktionen optimal einsetzen können.

2.2 Beispiel aus der Praxis

Anhand eines kleinen Praxisbeispiels zeige ich Ihnen jetzt, wie Sie mit wenigen Schritten eine Map mit Hilfe von FreeMind erstellen. Die typische Vorgehensweise sieht dabei wie folgt aus:

1. Starten Sie FreeMind über das Startmenü Ihres Systems bzw. über die Verknüpfung, die Sie zu dem Mind Mapping-Programm erzeugt haben.

2. Voranstehende Abbildung zeigt FreeMind unter Windows nach dem ersten Start. Das Programm erzeugt standardmäßig ein fast leeres Arbeitsblatt, das Sie in den Folgeschritten mit Leben füllen können. Unter Linux präsentiert sich Ihnen ein grauer Dialog und Sie müssen zunächt mit dem Menübefehl *Datei > Neu* eine neue Map erstellen. Das Programm bietet Ihnen nun ein leeres Arbeitsblatt an. In der Mitte finden Sie ein graues Oval mit der Inschrift *Neue Mindmap*. Es ist keine Schreibmarke zu sehen, sondern nur der Pfeil des Mauszeigers. Das Dokument trägt den vorläufigen Titel *Map1*. Unter der Menüleiste sehen Sie das Symbolmenü, am linken Rand steht Ihnen die Werkzeugleiste mit den Icons zum Einfügen

in die Map zur Verfügung. In der Statuszeile finden Sie einen Hinweis über die automatische Speicherung des Dokuments.

3. Führen Sie nun den Mauszeiger auf das graue Oval und klicken Sie mit der linken Maustaste in das Oval. Das Feld verwandelt sich in eine Textbox, und der vorgegebene Text *Neue Mindmap* steht zum Bearbeiten bereit. Ändern Sie diesen Text um in *Meine erste Mindmap*. Sie können dabei auf die typischen Texteditierfunktionen wie Markieren, Ausschneiden, Einfügen, Kopieren, Überschreiben, Löschen und so weiter zurückgreifen. Ist der Text korrigiert, drücken Sie die Eingabetaste oder klicken Sie in einen Bereich außerhalb der Textbox. Diese verwandelt sich nun wieder in das graue Oval, das nun allerdings den neuen Text *Meine erste Mindmap* enthält.

> Meine erste Mindmap

Das Thema der Map steht im Wurzelknoten.

4. Mit einem Klick außerhalb des Wurzelknotens ist dieser angelegt und Sie können sich an das Erstellen der Unterknoten machen. Dazu markieren Sie das Oval mit der rechten Maustaste und rufen das Kontextmenü auf. Hier führen Sie die Funktion *Neuer Unterknoten* aus. Sie finden diese Funktion auch im Menü *Einfügen*. Noch einfacher geht es, wenn Sie die Taste *Einfg.* betätigen.

5. FreeMind hängt nun eine neue Textbox an das Oval. Tippen Sie hier *Erster Unterknoten – A* ein und bestätigen Sie die Eingabe mit der Eingabetaste oder einem Klick in den freien Arbeitsbereich.

> Meine erste Mindmap   Erster Unterknoten – A

Der Wurzelknoten hat seinen ersten Unterknoten.

6. Auf die gleiche Weise fügen Sie zwei weitere Unterknoten ein mit der Bezeichnung *zweiter Unterknoten – B* beziehungsweise *dritter Unterknoten – C*.

7. An jeden der drei Unterknoten hängen Sie wiederum drei Unterknoten. Bezeichnen Sie diese entsprechend mit *A-1, A-2, A-3* beziehungsweise *B-1, B-2, B-3* und *C-1, C-2* und *C-3*.

8. Damit haben Sie das Grundgerüst einer ersten Mind Map erzeugt. Zugegeben: Die Mind Map ist gestalterisch nicht der überzeugend – ganz zu schweigen von der inhaltlichen Seite –, aber wichtig ist fürs Erste, dass Sie typischen Bearbeitungsschritte und die Vorgehensweise kennenlernen.

```
                                          A-1
                    Erster Unterknoten - A  A-2
                                          A-3
                                          B-1
Meine erste Mindmap Zweiter Unterknoten - B B-2
                                          B-3
                                          C-1
                    Dritter Unterknoten - C C-2
                                          C-3
```

Der Wurzelknoten mit drei Unterknoten, die ebenfalls wieder jeweils drei Unterknoten aufweisen.

Damit haben Sie das Grundprinzip der Gestaltung einer Map bereits kennengelernt und verstanden. Alles andere ist im Grunde nur noch schmückendes Beiwerk. Doch genau dies gilt es zu beherrschen, wenn Sie nicht nur einfache „Knotendia-gramme" gestalten, sondern Ihrer Kreativität Flügel verleihen möchten.

Schauen wir uns dies nun im Schnellverfahren an. In den folgenden Abschnitten gehen wir ausführlich auf die vielfältigen Funktionen und Gestaltungsmöglichkeiten ein. Dabei führen wir folgende Aktionen aus:

1. Zunächst ändern Sie die Beschriftungen der Knotenpunkte. Das Thema der Map lautet „Mindmap". Unsere erste Map soll uns ein wenig Klarheit verschaffen, was Mindmaps sind und wozu man so etwas gebrauchen kann.

2. Das Thema – der zentrale Gedanke – befindet sich immer im Zentrum der Map, also in dem eingangs beschriebenen grauen Wurzelknoten. Ändern Sie also den Inhalt dieser Textbox in *Mindmap*.

3. Damit nichts schief läuft, speichern Sie die Map gleich unter einem neuen Namen ab. Wählen Sie dazu im Menü die Funktion *Datei > Speichern unter* [*Strg + Umschalt + S*] und bestimmen Sie im Dialogfeld das Zielverzeichnis Ihrer Wahl. FreeMind schlägt als Dateinamen automatisch den Inhalt des Wurzelknotens vor. Die Endung *.mm* wird ebenfalls automatisch angehängt. Übernehmen Sie also den Namen *Meine erste Mindmap*. Ab sofort reicht ein einfaches [*Strg + S*] oder ein Klick auf *Datei > Speichern* oder auf das Diskettensymbol im Symbolmenü, um den aktuellen Stand der Arbeit festzuhalten.

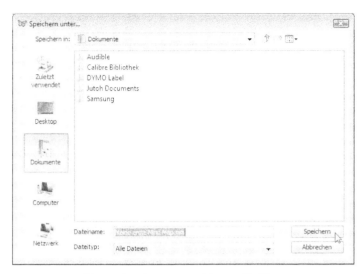

**Sicher ist sicher – speichern Sie Ihre
Dokumente regelmäßig ab.**

4. Nach dem erfolgreichen Speichern erscheint in der FreeMind-Titelzeile der neue Titel des Dokuments.

5. Eine der ersten Fragen eines Neulings ist sicher: „Was ist das eigentlich – eine Mindmap?" Bilden wir daraus gleich einen Unterknoten. Ersetzen Sie die Bezeichnung *Erster Unterknoten - A* durch die Bezeichnung *Bedeutung*.

6. In diesem Zusammenhang interessant ist sicher auch ein wenig Hintergrundwissen: Wer hat's erfunden? Warum soll eine Mindmap eigentlich so hilfreich sein? All dies kommt in den Unterknoten *Theorie*. Korrigieren Sie also zunächst *Zweiter Unterknoten -B*. Dessen drei Unterknoten erhalten nun folgende Beschriftungen:

B-1	Erfinder: Tony Buzan
B-2	Beschäftigung mit Inhalten
B-3	Viele Sinne ansprechen

7. Auch die Art und Weise, wie man eine Mindmap erstellt, ist nicht unwichtig: Klar, dass wir unsere mit FreeMind auf einem PC erstellen. Stellen Sie sich einfach einmal vor, wie ein Redner einen Vortrag vor den Augen der Zuhörer oder ein Lehrer in der Schule ein Tafelbild in Form einer Mindmap Stück für Stück entwickelt. Unser dritter Unterknoten heißt deshalb *Methode*, dessen Unterknoten tragen die Bezeichnungen *manuell* und *elektronisch (PC)*. Den dritten Unterknoten löschen Sie einfach über das Kontextmenü (*Knoten löschen*) oder indem Sie ihn markieren und dann [*Entf*] drücken.

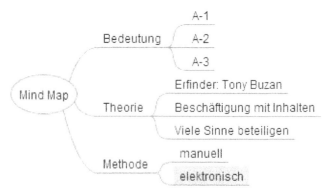

Die Map nimmt langsam Gestalt an.

8. Wie haben Sie Ihre Gedanken bisher strukturiert? Gar nicht? Oder mithilfe von Checklisten? Oder haben Sie gar die finan-

ziellen Mittel, sich einen Personal Trainer zu engagieren? Fügen Sie einen vierten Unterknoten ein mit der Beschriftung *Alternativen*. Er trägt seinerseits die Unterknoten *Chaos im Kopf, Checkliste* und *unstrukturierte Notizen*.

Am besten verfolgen Sie die Schritte dieses Workshops am Rechner unmittelbar nach. Fühlen Sie sich frei, eigene Knoten und Unterknoten hinzufügen oder vorgeschlagene abzuändern.

Der vierte Unterknoten wird von FreeMind automatisch auf der linken Seite eingefügt.

9. Und wozu braucht man eigentlich Mindmaps? Lassen Sie Ihrer Fantasie freien Lauf und fügen Sie dem neuen Unterknoten *Einsatzgebiete* entsprechende Unterknoten ein wie *Beruf, Schule, Ausbildung, Bewerbung, Gehaltsverhandlung, Freizeit*. Jeden dieser Unterknoten können Sie weiter verzweigen. In der Freizeit können Mindmaps erstellt werden, etwa für *Hobby, Sport, Urlaub, Homepage* und so weiter – sicher fällt Ihnen noch sehr viel mehr ein.

Die Map wächst Knoten für Knoten.

10. Doch halt – kann man da nicht etwas zusammenfassen? Genau: *Bewerbung* passt eher unter *Beruf*. Mit FreeMind geht das fix. Ziehen Sie die entsprechenden Zweige einfach auf den gewünschten neuen Oberknoten, in unserem Fall also auf *Beruf*, und lassen Sie die Maustaste los. Fertig!

**Per Drag & Drop lassen sich Äste
bequem mit der Maus verschieben.**

11. Gehen Sie nochmals zurück ins Zentrum der Map und wählen Sie im Kontextmenü die Funktion *Icons*. Entscheiden Sie sich für das Fragezeichen. Das graue Oval wird nun mit einem dicken blauen Fragezeichen geschmückt.

12. Auf die gleiche Weise können Sie den anderen Einträgen ein Icon oder sogar ein eigenes Bild verpassen (*Einfügen > Bild* oder [*Alt + K*]).

13. Wählen Sie nun im Menü *Datei* die Funktion *Export* und dort *Als PNG*. Geben Sie im Dateidialog *Zielverzeichnis* und Namen der Bilddatei an. Nachdem die Map als PNG auf der Festplatte abgelegt wurde, können Sie sie mit Ihrem bevorzugten Grafikprogramm öffnen und dort mit grafischen Mitteln weiterbearbeiten. Als weitere Möglichkeit können Sie diese Bilddatei natürlich auch an andere Anwender versenden oder sogar – wie jede andere Bilddatei – in Ihre Homepage einbinden.

Die in FreeMind erstellten Maps lassen sich auch als PNG-Bilder exportieren.

Soweit unser erster Einblick in die Anwendung. Falls Sie jetzt Lust auf mehr haben, weil Sie vor Ideen übersprudeln, legen Sie einfach gleich los. Ansonsten begleiten Sie uns bei unserem ausführlichen Rundgang durch das Programm. Zuvor jedoch noch einige theoretische Grundlagen.

2.3 Die wichtigsten Fachbegriffe

Mindmapping dürfte für viele Leser ein noch recht neues Gebiet sein, in das Sie sich einarbeiten. Daher ist es notwendig, dass man die Standardterminologie drauf hat, um effektiv mit dem Programm arbeiten zu können.

Ein wenig hinderlich dabei ist, dass FreeMind nicht durchgängig die typischen Mindmap-Begriffe verwendet. Die folgende Zusammenstellung gibt Ihnen einen kurzen Überblick über die wichtigsten Begriffe, auf die Sie im Folgenden immer wieder stoßen:

- **Knoten**: Die Informationen werden in kleinen Textkästen gesammelt, vergleichbar kleinen Notizzetteln. Diese Kästen lassen sich optisch ausgestalten. Sie können konkret beispielsweise die Form, die Rahmenfarbe, den Text und den Hintergrund verändern. Auch das Einbinden von Bildinformationen etc. ist möglich.

Ein einfacher und ein ausgestalteter Knoten.

- **Unterknoten**: Die Information in einem Knoten kann durch weitere Informationen ergänzt und verfeinert werden. In einer Liste oder Gliederung würde man dazu einen Unterpunkt einführen. In einer Map wird dazu an den Knoten ein weiterer Knoten angehängt. Dieser Knoten ist dann dem ersten Knoten untergeordnet, beziehungsweise der erste Knoten ist dem zweiten übergeordnet. Jeder Knoten kann beliebig viele Unterknoten haben, und auch jeder Unterknoten kann seinerseits wieder über Unterknoten verfügen, so dass sich eine regelrechte Hierarchie ergibt.

Knoten mit Unterknoten.

Bei der Gestaltung der Maps können Sie die angelegten Knoten und deren Inhalte natürlich auch verschieben. Die können gesamte Strukturen oder auch nur einzelne Äste oder Knoten neue positionieren. Um das gesamte Blatt zu verschieben, platzieren Sie dazu den Mauszeiger über einem unbelegten Bereich, klicken in das Dokument, damit sich der Mauszeiger in einen Vierfachpfeil verwandelt und verschieben mit gedrückter Maustaste das Blatt. Um einen Knoten oder einen Ast zu verschieben, markieren Sie diesen und führen den Mauszeiger an den Knotenpunkt bis ein kleines Oval eingeblendet wird. Der Mauszeiger verwandelt sich wieder in einen Vierfachzeiger und Sie können den Knoten beliebig verschieben.

- **Vater-Kind-Enkel**: Die Knotenhierarchie wird häufig mit Begriffen aus der Familienstruktur beschrieben, wobei meist die männlichen Begriffe verwendet werden: Der übergeordnete Knoten ist der Vater, der nächste der Sohn, dessen Unterknoten der Enkel und so weiter. Ebenso werden auch entferntere Verwandtschaftsverhältnisse beschrieben, etwa Geschwister (benachbarte Knoten), Neffen und so weiter. Wenn Sie einmal einen Familienstammbaum gesehen haben, werden Ihnen diese Zusammenhänge schnell einleuchten.

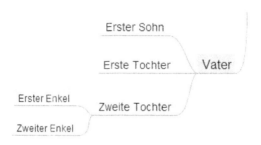

Eine ähnliche Struktur wie eben, diesmal mit Familiencharakter.

- **Wurzel(knoten)**: Das zentrale Thema, um das sich alles dreht, befindet sich sinnvollerweise immer in der Mitte der Map. Da die Maps mit Knoten arbeiten, heißt dieser zentrale Knoten auch Wurzelknoten. Von ihm gehen alle anderen Knoten aus, das heißt, alle anderen Knoten sind Unterknoten des Wurzelknotens.

- **Linie:** Die Zusammenhänge zwischen den Knoten werden optisch durch Linien dargestellt. Diese Linien können in ihrer Länge, Form und Farbe verändert werden. Sinnvollerweise sind die Linien am Knotenansatz dicker und laufen dann dünner aus, so wie in der Natur auch die Äste und Wurzeln eines Baums.

- **(Haupt-)Ast**: Um das Zentrum herum gruppieren sich die wichtigsten Oberbegriffe, die mit Hilfe von Linien mit dem Zentrum verbunden sind. Diese Verbindungslinien zwischen Zentrum und Oberbegriffen sind die Hauptäste.
- **Zweig**: Von den Hauptästen gehen die Verbindungslinien zu den Unterbegriffen ab. Durch die Linien und Verbindungen der einzelnen Unterknoten (Verästelungen) entsteht ein meist sehr weit verzweigtes System – eben die Baumstruktur.

Die Gesamtheit der Linien und Unterknoten, die von einem Knoten oder Unterknoten abgehen, werden als Zweig bezeichnet. Je nachdem, an welcher Position die Betrachtung beginnt, können Zweige auch Unterzweige besitzen.

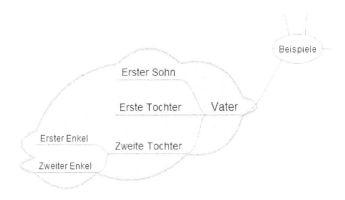

Durch die Ausgestaltung der Kanten bzw. Gruppierung von Teilinformationen wird die Verästelung deutlicher.

2.4 Die wichtigsten Mindmapping-Regeln

Bevor Sie sich an das Erstellen der ersten Mindmap machen, sollten Sie die zentralen Grundprinzipien kennen, nach denen diese Visualisierungen entstehen. Wenn Sie den klassischen Weg einschlagen, und Ihre Map zu Papier bringen, sind folgene Grundregeln zu beachten:

Verwenden Sie das Papier im Querformat und platzieren Sie in der Mitte der Seite ein einprägsames Bild, eine kleine Skizze oder zumindest den zentralen Begriff. Prinzipiell gilt: Ein Bild sagt mehr als 1.000 Worte. Verwenden Sie also wann immer es sinnvoll und möglich ist, visuelle Darstellungen.

Vom Zentrum aus legen Sie weitere Knoten an, die Sie mit einer Linie zum Thema der Mindmap verbinden. Auf diese Verbindungen schreiben Sie die einzelnen Schüsselworte zu den Unterpunkten.

Der Trick: Um die Lesbarkeit und Einprägsamkeit der Mindmap zu erhöhen, sollten Sie die Worte in Druckbuchstaben eintragen. Dann kann sich unser Gehirn das besser merken.

Von den angelegten Knoten können Sie nun weitere Äste und Verzweigungen anlegen, die den Hauptgedanken weiter untergliedern. Von diesen weiterführenden Linien können wieder andere ausgehen, und von diesen wieder weitere usw. Der Erfinder der Mindmap-Technik Tony Buzan bezeichnet diese auch als Ausstrahlen.

Um die Übersichtlichkeit Ihrer Mindmap zu erhöhen, sollten Sie Farben verwenden, um Zusammenhänge und Abhängigkeiten deutlicher zu machen. Die Verwendung von unterschiedlichen Farben erhöht außerdem die Lesbarkeit.

Machen Sie großzügigen Gebrauch von Symbolen wie beispielsweise Pfeilen, geometrischen Figuren, kleine Bilder, gemalte Ausrufe- oder Fragezeichen und selbst entworfende Sinnbilder. Die häufige Verwendung hilft Ihnen, die Inhalte besser zu erfassen. Sie helfen auch, verschiedene Bereiche voneinander abzugrenzen oder hervorzuheben.

Wie bei allen kreativen Prozessen sollten Sie sich gedanklich auch nicht in der einen oder anderen Hinsicht begrenzen. Damit schließen Sie nur Gedanken und Ideen aus, die Sie womöglich direkt oder indirekt weiterbringen könnten – und seien sie noch so abwegig.

Je nach Inhalte sollten Sie es sich auch zur Gewohnheit machen, Inhalte kontinuierlich neu zu strukturieren und neu anzuordnen: die bestehende Map immer mal wieder neu zu gestalten. So bleibt der

Inhalt besser bei Ihnen hängen und Ihre Kreativität wird zusätzlich angesprochen.

Soweit es FreeMind betrifft, lassen sich diese Regeln nicht gänzlich auf das Erstellen von Gedankenbäumen mit Hilfe des PC übertragen. Mit FreeMind können Sie keine Mindmaps erstellen, die hundertprozentig den Vorstellungen von Tony Buzan entsprechen. Aber Sie sind in der Bearbeitung sehr flexibel, können einen Zweig verschieben, diese anders gestalten, beliebige Verknüpfungen erzeugen und, und, und.

FreeMind ist der Papiervariante sogar in einigen Belangen voraus, denn Sie können Ihre Map an Dritte weitergeben, sie einfach in verschiedene Formate exportieren oder die Map einfach im Internet publizieren.

2.5 Die FreeMind-Schnittstelle

FreeMind besitzt eine übersichtlich strukturierte Bedienoberfläche, über die Sie alle typischen Aktionen beim Erstellen von Mind Maps ausführen. Die Oberfläche ist überschaubar und stellt auch den Einsteiger vor keine unlösbaren Probleme. Im Unterschied zu manchen kommerziellen Produkten wirkt sie ein wenig antiquiert, aber das tut der Funktionalität des Programms keinen Abbruch. Vielmehr bietet das Programm einige interessante Funktionen, die es zu entdecken gilt. Schauen wir uns die verschiedenen Bereiche näher an.

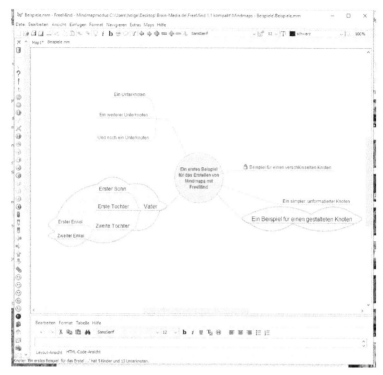

Ein erster Blick auf die Arbeitsfläche von FreeMind.

Neben den typischen Fensterelementen erkennen Sie auch am linken Rand zusätzliche Elemente. Je nach eingestelltem Modus (Menü *Maps*) variiert die Oberfläche. Dies schauen wir uns weiter unten im Abschnitt 3.8 noch genauer an. Im Gegensatz zu vielen anderen Anwendungen kommen hier keine weiteren Funktionen hinzu, wenn Sie mit mehreren Dokumenten arbeiten. Dass Sie die Oberfläche an Ihre eigenen Bedürfnisse anpassen können, versteht sich von selbst.

Nach dem Programmstart präsentiert Ihnen FreeMind ein typisches Arbeitsblatt. In der Mitte des Arbeitsbereiches finden Sie das Map-Zentrum mit dem Eintrag *Neue Mindmap*. Sie können nun sofort loslegen und Ihre Map ausgestalten. Doch schauen wir uns zunächst das gesamte Fenster und dessen Elemente an.

Beispiele.mm - FreeMind - Mindmapmodus C:\Users\holge

Die FreeMind-Titelleiste.

In der Fenster-Titelleiste finden Sie neben dem FreeMind-Icon in der linken Ecke den Titel des aktuellen Dokuments, z. B. *Beispiele.mm*, und den Programmnamen *FreeMind* sowie den aktuell eingestellten Modus, in der Regel *Mindmapmodus*. Auf der rechten Seite finden Sie die typischen Schaltflächen zum Minimieren, Wiederherstellen und Schließen des Fensters.

Das FreeMind-Systemmenü unter Windows.

Das Systemmenü öffnet sich durch Anklicken des FreeMind-Icons. Es entspricht dem Kontextmenü der Titelleiste. Hier finden Sie unter Linux folgende Einträge:

- Wiederherstellen

- Verschieben
- Größe ändern
- Minimieren
- Maximieren
- Schließen

Unter Linux/KDE begegnen Sie weiteren Funktionen, beispielsweise den folgenden:

- Immer im Vordergrund
- Immer auf der sichtbaren Arbeitsfläche
- Nur auf dieser Arbeitsfläche
- Auf Arbeitsfläche verschieben
- Auf andere Arbeitsfläche verschieben

Sie können verschiedene Funktionen des Systemmenüs auch über Tastenkombinationen ausführen:

Systemmenü öffnen	[Alt]+[Leertaste] (Windows)
Systemmenü schließen	[Esc] oder [x]
Anwendung schließen	[Alt]+[F4]

Unter der Titelleiste finden Sie die Menüleiste mit einigen Standardeinträgen und einigen Menüeinträgen, die für Editoren im Allgemeinen und FreeMind im Besonderen gedacht sind:

- Datei

Die FreeMind-Schnittstelle

- Bearbeiten
- Ansicht
- Einfügen
- Format
- Navigieren
- Extras
- Maps
- Hilfe

Unterhalb der Menüleiste befindet sich in der Grundeinstellung die Werkzeugleiste.

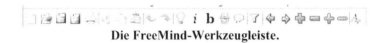

Die FreeMind-Werkzeugleiste.

Das Look & Feel der Werkzeugleiste ähnelt dem anderer Büroprogramme wie beispielsweise OpenOffice Writer. Was sich hinter den einzelnen Symbolen auf der Werkzeugleiste verbirgt, sehen wir uns später im Detail an.

Unterhalb der Werkzeugleisten präsentiert FreeMind den Arbeitsbereich, der nicht weiter unterteilt ist. Hier findet die eigentliche Arbeit statt: das Gestalten Ihrer Maps. Um die Orientierung zu erleichtern, unterlegt FreeMind die aktuelle Textbox – das ist diejenige, auf die der Mauszeiger zuletzt gezeigt hat – mit einem dezent graublauen Hintergrund.

Das Arbeitsfenster verfügt über ein Kontextmenü. Hier finden Sie im oberen Bereich eine Auflistung der aktuell geöffneten Maps, so dass Sie mit zwei Mausklicks die aktive Map wechseln können. Darunter finden Sie die Einträge *Werkzeugmenü*, *Zweites Werkzeugmenü* und *Notizfenster*.

Unterhalb des Arbeitsbereichs findet sich die Statuszeile. Hier informiert FreeMind Sie gelegentlich über interne Vorgänge, etwa wenn die aktuelle Map temporär zwischengespeichert wurde oder wenn Sie den Modus gewechselt haben.

Am linken Fensterrand finden Sie eine zusätzliche Werkzeugleiste. Sie bietet Ihnen schnellen Zugriff auf die Icons, mit denen Sie Ihre Maps optisch aufpeppen können. Diese Icons stehen Ihnen auch über *Einfügen > Icons* im Menü ([Alt + I]) und über *Icons* im Kontextmenü eines Knotens zur Verfügung. Je nach Größe des FreeMind-Fensters sehen Sie am linken Rand nicht alle Icons. Mit [Alt + I] werden alle Icons in einem Auswahlfenster eingeblendet.

FreeMind bietet leider keine Möglichkeit, Mindmaps kaskadierend oder nebeneinander (Multi-Fenster-Modus) anzuzeigen. Es kann immer nur eine Map angesehen und bearbeitet werden. Dies können Sie allerdings umgehen, indem Sie mehrere Instanzen von FreeMind starten und dort mit den unterschiedlichen Maps arbeiten. Auf diese Weise können Sie auch Teile (Zweige) zwischen einzelnen Mindmaps hin und her schieben oder über die Zwischenablage austauschen. Sind mehrere Instanzen von FreeMind gestartet, macht sich allerdings schnell der Java-typische Hunger auf Systemressourcen bemerkbar!

Die Maps lassen sich mit den integrierten Icons bebildern.

In diesem Einstieg haben Sie einen ersten Eindruck von FreeMind bekommen. Sie wissen in etwa, wie Sie mit FreeMind arbeiten können und welche Funktionen Ihnen für das Sammeln und Sortieren von Idee bis hin zur Realisierung ganzer Projekt zur Verfügung stehen. Integrieren Sie diese Möglichkeiten in Ihren Büroalltag und Sie werden sehen, dass Sie keine Gedanken mehr verloren gehen. Indem Sie diese in einer Struktur bringen, gewinnen Sie deutlich an Produktivität und sparen ganz nebenbei auch noch jede Menge Papier.

3 Dokumenten verwalten und bearbeiten

In Büro entstehen tagtäglich unzählige Dokumente. Doch je mehr Dokumente entstehen, umso schwieriger wird es, den Überblick über die Datenberge zu behalten. Und je mehr Dokumente entstehen und je mehr Mitarbeiter damit beschäftigt sind, umso schwieriger wird deren Verwaltung.

In der Praxis verschwenden viele Mitarbeiter viel zu viel Zeit damit, wichtige Dokumente und Unterlagen zu suchen. Und kaum etwas ist nerviger und zeitraubender also die Suche nach Informationen, die dringend benötigt werden, aber nicht aufzufinden sind.

Doch für Computer stellt das Ablegen, das Verwalten und die Suche nach Dokumenten und deren Inhalten kein Problem dar. Die Lösung für das Ablage- und Suchproblem ist einfach: Überall dort, wo Dokumente und Informationen in nennenswerten Stückzahlen abgelegt werden müssen und bei Bedarf schnell verfügbar sein sollen, lohnt sich die Inbetriebnahme eines Dokumentenmanagementsystems.

Sie können selbst große Dokumentenmengen ohne Aufwand erfassen und verwalten. Das Ergebnis: Eine spätere Suche führt schnell zum gewünschten Dokument. Dokumentenmanagementsysteme sorgen für mehr Transparenz, was letztlich der Produktivität und Arbeitsqualität zugutekommt. Dabei müssen sie – wie wir später noch sehen werden – nicht teuer oder gar komplex in der Handhabung sein.

3.1 Die Probleme der klassischen Dokumentenablagen

Der Aufwand und die damit verbundenen Kosten für das Wiederherstellen von Dokumenten sind erheblich. Es gibt Studien, die kalkulieren für die Wiederbeschaffung bzw. Wiederherstellung 100 bis 200

EUR – pro Dokument wohlgemerkt. Im Gegenzug sind die Kosten für ein professionelles Ablagesystem (auch inklusive der laufenden Kosten) vernachlässigbar.

Ich will mich hier nun nicht mit Zahlen aufhalten, die in verschiedenen Studien genannt werden. Hier müsste man immer auch genau analysieren, von wem diese stammen und welchem Zweck sie letztlich dienen. Fakt ist aber: Unternehmen drohen in der rasant wachsenden Informationsflut und dem damit verbundenen Aufwand/Kosten zu ersticken.

Es ist unstrittig, dass Mitarbeiter viel zu viel Zeit damit verbringen, Dokumente zu suchen. Dabei wäre es für den Arbeitsfluss so wichtig, dass benötigte Informationen schnell und einfach zur Hand sind. Da oftmals kein einheitliches und für alle zugängliches Ablagesystem existiert, legt jeder Anwender im ungünstigsten Fall seine eigene Ablagestruktur an, die für andere nur schwer zugänglich ist.

Die gängigen Probleme beim Dokumentenhandling:

- Mitarbeiter benötigen viel zu viel Zeit für die Suche nach Dokumenten.
- Falsch abgelegte oder verlorene Schriftstücke verursachen teils erhebliche Schäden.
- Die Ablage der Dokumente erfolgt auf einzelnen Rechnern, nicht zentral.
- Redundante Informationen und verschiedene Dokumentenversionen verursachen hohe Kosten und verbrauchen Ressourcen.
- Hoher Aufwand für Korrespondenz und Datenübermittlung.
- Aufwändige Verwaltung, Ablage
- Hoher Prozentsatz an erfolglosen Dokumentenzugriffen aufgrund von falsch abgelegten, verschwundenen oder in Bearbeitung befindlichen Dokumenten.

- Manuelles Verschieben und Kopieren von Dokumenten auf andere Speicher.
- Speicherbelegung durch redundante Dokumente.
- Unübersichtliche Arbeitsprozesse, da Speicherort von Dokumenten oft unklar.
- Projekt- und Unternehmenswissen wird bei einzelnen Personen gehortet, statt es zentral verfügbar zu machen.
- Mobiler Zugriff problematisch bis unmöglich.
- Controlling-Aufgaben sind schwierig durchzuführen.
- Wildwuchs, da viele Anwender ihre eigenen Strukturen anlegen und diese nicht für andere zugänglich oder nicht dokumentiert sind.
- Eine Änderungskontrolle und gar eine Versionierung von MS Office-Dokumenten sind kaum möglich.

Damit dürften die wichtigsten Probleme genannt sein, mit denen Unternehmen und Mitarbeiter beim Umgang mit Dokumenten zu kämpfen haben. Die meisten Probleme können Sie einfach lösen, indem Sie in Ihrem Unternehmen oder in Ihrer Arbeitsgruppe ein Dokumentenmanagementsystem einführen.

3.2 Vorteile dank Dokumentenmanagement

Als Nächstes stellt sich unweigerlich die Frage, welche Vorteile die Einführung eines Dokumentenmanagementsystems bringt. Daran anschließend stellt sich eine weitere Frage: Welches ist denn eine geeignete Lösung?

Die meisten Unternehmen sind einem erheblichen Erfolgsdruck ausgesetzt. Dabei ist jeder Schritt willkommen, der hilft, die Arbeitsabläufe zu vereinfachen. Ein professionelles Dokumentenmanagementsystem dient der Senkung der Betriebskosten bei gleichzeitiger Steigerung der Produktivität. Für die Einführung einer solchen Umgebung sprechen folgende Punkte:

- Schneller Informationszugriff
- Beschleunigung der Arbeitsprozesse
- Verbesserte Transparenz von Vorgängen
- Verbesserte Controlling-Möglichkeiten
- Höhere Qualität der Vorgangsbearbeitung
- Wegfall von Verteilerkopien
- Minimierung von Fehlern
- Mehr Daten- und Dokumentensicherheit
- Deutlich weniger Dokumentenverlust
- Kostenreduktion bei wachsendem Geschäftsvolumen
- Geringerer Platzbedarf
- Entlastung von E-Mail Systemen
- Weniger Medienbrüche
- Einhaltung gesetzlicher Vorschriften
- Automatischer Aufbau einer unternehmensweiten, durchsuchbaren Wissensdatenbank

Ein nicht minder wichtiger Punkt: Durch den Einsatz einer modernen Lösung steigern Sie gleichzeitig auch die Mitarbeitermotivation. Diese können flüssiger arbeiten und sind weniger genervt vom zeitraubenden Suchen. Das schafft mehr Zeit für Kreativität.

Die perfekte Lösung: Alfresco Community Edition

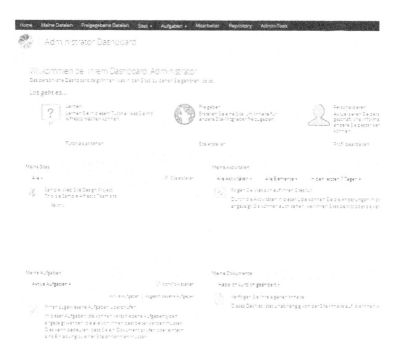

Ideal für kleine Unternehmen: das Dokumentenmanagementsystem Alfresco Community Edition.

3.3 Die perfekte Lösung: Alfresco Community Edition

In Unternehmen dominieren MS Office-Dokumente. Daher benötigen Unternehmen eine Lösung, die insbesondere mit Office-Dateien umgehen kann, aber auch andere Formate wie PDF, XML etc. unterstützt. Außerdem sollte ein geeignetes System in der Lage sein, obige Anforderungen zu erfüllen und beispielsweise den Remote-Zugriff erlauben. Im Idealfall ist es dann auch noch kostengünstig oder unterliegt sogar einer Open Source-Lizenz.

Gerne greifen Unternehmen zu MS SharePoint, doch diese Lösung unterliegt einigen Einschränkungen. Hier fallen beispielsweise Lizenzgebühren an, die man sich beim Einsatz einer freien Umgebung sparen kann.

Doch welche ist die optimale Alternative zu MS SharePoint? Wenn Sie ein wenig nach professionellen Dokumentenmanagementsystemen googeln, laufen Sie einer Lösung immer wieder unweigerlich über den Weg: Alfresco.

Dieses System ist in einer kommerziellen und einer freien Community Edition verfügbar. Die Community Edition deckt alle dokumentenspezifischen Anforderungen ab und kann insbesondere hervorragend mit MS Office-Dokumenten umgehen. Außerdem stehen Ihnen umfangreiche Steuer- und Managementfunktionen zur Verfügung.

Das Alfresco-System ist eine Ablage, die ein eigenes Server-System besitzt und die Content, Metadaten, Verknüpfungen und Volltextindexes bereitstellt.

Das Beste dabei: Es handelt sich um eine Out-of-the-box-Anwendung, die Sie einfach installieren und direkt damit loslegen können. Sie können mit Alfresco aber nicht nur Ihre Dokumente verwalten, sondern es ist ein vollwertiges Content-Managementsystem. Auch eine Aufgabenverwaltung ist darin integriert.

3.4 Jede Menge Add-ons

Sollte Ihnen die Grundfunktionalität nicht genügen, ist auch das weiter kein Problem, denn Alfresco besitzt eine modulare Architektur, die um Add-ons funktional aufgebohrt werden kann.

Die Entwickler haben hierfür eine eigene Sub-Domain (*http://addons.alfres-co.com*) angelegt. Dort finden Sie Erweiterungen für das Projektmanagement, das Online-Editieren von MS Office- und LibreOffice-Dokumenten, das Signieren, die Integration von Virenscannern, das Manipulieren von PDF-Dokumenten, das Qualitätsmanagement, das Reporting, den Bulk-Import von Dokumenten, die Verschlüsselung sowie der Datensynchronisation zwischen dem

Alfresco-System und typischen Desktop-Rechnern. Für Alfresco stehen sogar Add-ons zur Verfügung, die die Überwachung des DMS mit Programmen wie Nagios & Co. erlauben.

Inzwischen gibt es weit über 350 Erweiterungen für das Alfresco-System. Da dürfte für jeden Geschmack und für alle typischen Anwendungsbereiche das passende Werkzeug dabei sein.

Und es kommt noch besser: Wenn Sie einen Dokumentenscanner wie den Fujitsu Snapscan besitzen, können Sie nicht nur Ihre MS Office-Dokumente darin verwalten, sondern auch alle bisherigen Dokumente. Die müssen nur digitalisiert und dann per FTP oder über eine Freigabe an das Dokumentenmanagementsystem übermittelt werden.

3.5 Architektur

Das Alfresco-System ist eine Java-basierte Umgebung, die auf jedem gängigen Betriebssystem installiert und ausgeführt werden kann. Die Installation ist einfach durchzuführen und nach wenigen Minuten steht Ihnen eine voll funktionstüchtige Umgebung zur Verfügung. Der Zugriff von Client-Seite erfolgt üblicherweise mit Hilfe eines Webbrowsers. Inzwischen existieren aber auch Apps für Android und iOS. Die Hauptfunktionen der Alfresco Community Edition:

- **Dokumentenmanagement**: Erlaubt das Verwalten und Teilen von Office-Dokumenten.
- **Aufzeichnungsmanagement**: Kontrolliert wichtige Informationen über die Bearbeitungsdauer.
- **Share**: Stellt eine unternehmensweite Freigabe zur Verfügung. Unterstützt dabei das Common Internet File System (CIFS).
- **Enterprise Portal**: Erlaubt das Erstellen von Intranet-Portalen. Neben Content- sind auch Report- und Analysefunktionen verfügbar.

- **Web Content Management**: Erlaubt das Erstellen von typischen Websites, die über das Internet zugänglich sind. Macht dabei Gebrauch von den internen Dokumenten.

- **Wissensmanagement**: Durch die zentrale Bündelung der Dokumente entsteht eine regelrechte Wissensdatenbank, in der das gesammelte Know-how der Mitarbeiter zu finden ist.

- **Informationsveröffentlichung**: Alfresco kann die verschiedenen Informationen auf unterschiedlichen Kanälen ausgeben, lokal, global und zielgerichtet.

- **Fallmanagement**: Dank des Content-orientierten Modells können Sie für bestimmte Aufgaben und Fälle relevante Informationen zusammenfassen und daraus die notwendige Essenz generieren.

Das Herzstück des Alfresco-Systems ist der Server, der die Inhalte, Metadaten, Indizes und Verknüpfungen bereitstellt. Dank seiner modularen Architektur kann man das Basissystem durch bestehende Add-ons erweitern oder durch Eigenentwicklungen ergänzen. Alfresco bündelt die Funktionen für folgende Unternehmensbereiche:

- Dokumentenmanagement (DM)
- Web Content Management (WCM)
- Digital Asset Management (DAM)

Diese Grundfunktionen werden durch eine systemweite Suche und Funktionen für die Zusammenarbeit ergänzt.

3.5.1 Content Repository

Die Inhalte verwaltet Alfresco im sogenannten Content Repository. Das ist mit einer Datenbank vergleichbar, enthält aber weit mehr als nur Daten. Die Daten und die damit verknüpften Volltextindizes wer-

Architektur

den durch Solr-Indizes verwaltet. Im Repository werden auch die Verknüpfungen von Content-Elementen untereinander festgehalten. Das Repository implementiert folgende Dienste:

- Erzeugung, Modifikation, Löschen von Inhalten, Metadaten und deren Beziehungen untereinander
- Abfrage von Content
- Zugriffskontrolle auf Inhalte
- Versionierung von Inhalten
- Sperren von Inhalten
- Audits
- Import/Export
- Regeln und Verarbeitungsaktionen

Die sogenannten Nodes stellen Metadaten und Strukturen für die Content-Elemente zur Verfügung. Darin enthalten sein können Eigenschaften wie Name des Autors und Beziehungen zu anderen Knoten wie Ordnerhierarchie und Anmerkungen. Die Content-Elemente sind über leistungsfähige Abfragesprachen durchsuchbar, die in einer PostgreSQL-Datenbank verwaltet werden.

3.5.2 Protokolle

Um sich in eine bestehende IT-Infrastruktur zu integrieren, muss Alfresco gängige Protokolle unterstützen, insbesondere solche, die den Zugriff auf Ordner und Dokumente erlauben.

Dank der breiten Protokollunterstützung kann ein Client auf die Umgebung zugreifen und innerhalb der Ablage navigieren, die Eigenschaften von Dokumenten abrufen und diese betrachten. Die meisten Protokolle erlauben dem Client außerdem das Aktualisieren und Bearbeiten der Ordnerstruktur sowie das Erzeugen von Dokumenten und das Schreiben von Inhalten. Einige Protokolle unterstützen darüber hinaus auch die Suche und die Versionierung.

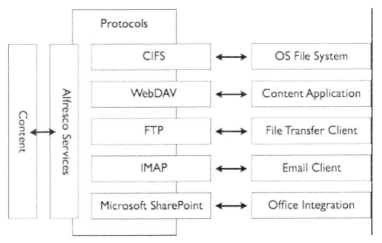

Das Zusammenspiel von Content, Protokollen und Clients (Quelle: Alfresco).

In Alfresco sind folgende Protokolle implementiert:

- **CIFS** (Common Internet File System): Die Unterstützung dieses Dateisystems erlaubt es dem Dokumentenmanagementsystem, Dateien zu lesen und schreiben.

- **WebDAV** (Web-based Distributed Authoring and Versioning): Dieses Protokoll ist eine Erweiterung von HTTP für das Authoring. Viele Tools unterstützen WebDAV – auch MS Office.

- **FTP** (File Transfer Protocol): Das Standardformat für die Übertragung von Dateien über das Internet.

- **IMAP** (Internet Message Access Protocol) IMAP ist ein komfortables E-Mail-Protokoll, das die serverseitige Bearbeitung von E-Mails erlaubt.
- **Microsoft SharePoint Protokolle**: Alfresco unterstützt auch Microsofts SharePoint-Protokolle. Für das Zusammenspiel mit MS Office wichtig: Alfresco kann wie ein SharePoint-Server agieren und Office-Dokumente integrieren.

3.6 Alfreso kennenlernen

Die Installation von Alfresco Community ist dank der Installer-Versionen, die über die Alfresco-Website verfügbar sind, kinderleicht. Nach der Installation können Sie sich das erste Mal in die Umgebung einloggen. Zunächst sollten Sie sich einen Überblick über die wichtigsten Funktionen der Umgebung verschaffen.

Beim Einloggen wird automatisch das sogenannte Dashboard geöffnet. Das besitzt im Kopfbereich eine Menüleiste, über die folgende Menüs verfügbar sind:

- **Home**: Öffnet die Startseite des Alfresco-Systems, das sogenannte Dashboard.
- **Meine Dateien**: In diesem Menü verwaltet jeder Benutzer seine eigenen Dateien.
- **Freigegebene Dateien**: Dieses Menü erlaubt Ihnen das schnelle Teilen von Dateien, ohne dass man diese einer Site hinzufügen muss.
- **Sites**: Dieses Menü erlaubt Ihnen das Erzeugen von eigenen Sites und die Darstellung der Sites, bei denen Sie Mitglied sind. Über den Site-Finder können Sie nach anderen Sites recherchieren.

Das Sites-Menü.

- **Aufgaben**: Hier verwalten Sie Ihre Aufgaben und können Workflows einsehen.

- **Mitarbeiter**: Dieses Menü stellt Ihnen eine Suche nach Mitarbeitern zur Verfügung.

- **Repository**: In diesem Menü werden alle Content-Elemente angezeigt, die in Alfresco gespeichert sind – zumindest dem Administrator werden sie angezeigt.

- **Admin Tools**: Dieses Menü ist nur für Systemadministratoren verfügbar. Sie haben Zugriff auf verschiedene Verwaltungsfunktionen und die Benutzerverwaltung.

- **Benutzermenü**: Das Menü mit Ihrem Namen erlaubt Ihnen den Zugriff auf Ihre Profileinstellungen.

- **Suche**: Die leistungsfähige Suchfunktion erlaubt die Recherche nach Dateien, Sites und Personen.

Alfreso kennenlernen 79

Ein erster Blick auf die administrativen Funktionen.

3.6.1 Dashlets

Als Nächstes folgt der Darstellungsbereich für die sogenannten Dashlets. Das sind mehr oder minder umfangreiche Module mit spezifischen Funktionen. Diese Dashlets können ein- und ausgeblendet werden.

Den Administrator begrüßt das Admin-Dashlet, das Ihnen den schnellen Zugriff auf die gängigsten Funktionen erlaubt. Es folgen bei einer Standardinstallation vier weitere Module:

- **Meine Sites**: Erlaubt den schnellen Zugriff auf Ihre Sites.

- **Meine Aktivitäten**: Hier erfahren Sie, was sich gerade auf Ihren Sites tut.

- **Meine Aufgaben**: Führt die aktuell anstehenden Aufgaben auf.

- **Meine Dokumente**: In diesem vierten Dashlet werden die für Sie wichtigen Dokumente aufgeführt.

Das Bearbeiten der Dashlet-Konfiguration.

Sie können die Grundkonfiguration an Ihre eigenen Wünsche und Vorstellungen anpassen. Dazu klicken Sie in der rechts neben dem Dokumentenkopf *Administrator Dashboard* auf das Zahnradsymbol (*Dashboard anpassen*).

Im Anpassungsdialog können Sie zunächst das Layout anpassen. Neben dem 2-spaltigen Standardlayout (links schmal, rechts breit) können Sie vier weitere verwenden:

- Eine Spalte
- Drei Spalten, Mitte breit

- Zwei Spalten, links breit, rechts schmal
- Vier Spalten

Klicken Sie auf *Layout ändern*, um eine andere Gestaltung zu verwenden. Sie können im unteren Bereich die Anzahl und die Typen der Dashlets bestimmen. Dazu stehen Ihnen zwei Spalten zur Verfügung, die Sie mit Modulen befüllen können. Die Dashlets können per Drag&Drop verschoben werden – auch zwischen den beiden Spalten. Um ein Dashlet zu entfernen, markieren Sie den Eintrag und verschieben diesen in den Mülleimer.

Das Bearbeiten der Dashlet-Konfiguration.

Um ein neues Dashlet auf der Startseite zu platzieren, klicken Sie auf die Schaltfläche *Dashlets hinzufügen*. Alfresco präsentiert Ihnen einen Auswahlbereich, über den Sie einfach die gewünschten Module in einer der beiden Spalten platzieren können. Ihnen stehen folgende Dashlets zur Verfügung:

- Meine Aktivitäten
- Inhalt, den ich editiere
- Meine Dokumente
- Mein Meeting-Arbeitsbereich
- Mein Profil
- Meine Sites
- Meine Aufgaben
- Mein Dokumenten-Arbeitsbereich
- Mein Kalender
- Alfresco Add-ons RSS Feed
- Meine Diskussionen
- RSS Feed
- Gespeicherte Suche
- Site-Suche
- Web Ansicht

Verschiedene Dashlets besitzen eine eigene Konfiguration, so beispielsweise das Modul *Gespeicherte Suchen*. Mit diesem Modul können Sie eine Suche einrichten und die Suchergebnisse anzeigen. Die Suche und ihr Name kann allerdings nur von einem Site-Manager konfiguriert werden. Das Dashlet eignet sich zur Erstellung von Berichtsansichten auf einer Site.

Alfreso kennenlernen 83

Die Konfiguration einer Suche.

Das Alfresco-System bietet Ihnen viele interessante Funktionen. So können Sie beispielsweise den Aktionen anderer Benutzer folgen. So sind Sie immer darüber informiert, welche Dokumente andere gerade anlegen oder bearbeiten. Und so gehen Sie vor:

1. Öffnen Sie das Menü *Mitarbeiter* und suchen Sie nach der gewünschten Person.

2. Öffnen Sie den Benutzereintrag mit einem Klick.

3. Öffnen Sie die Registerkarte *Ich folge ()*.

4. Durch Aktivieren der Option *Privat* können Sie Ihre Seite vor anderen Benutzern verstecken.

5. Damit folgen Sie dem Benutzer.

6. Um das Following wieder zu deaktivieren, wählen Sie *Nicht folgen*.

Die E-Mail-Benachrichtigungen können auch deaktiviert werden.

Standardmäßig erhalten Sie in Alfresco immer Benachrichtigungen, wenn sich wichtige Dinge innerhalb des Dokumentenmanagementsystems ändern. So werden Sie beispielsweise über Änderungen anderer Mitarbeiter informiert.

Sollte Sie das mehr stören als hilfreich sein, können Sie das einfach in den Profileinstellungen ändern. Führen Sie den Menübefehl *Administrator > Mein Profil* aus. Um die Hinweise zu deaktivieren, entfernen Sie das Häkchen der Option *E-Mail-Benachrichtigungs-Feed*. In *Administrator*-Menü können Sie verschiedene weitere interessante Aktionen ausführen. Sie können beispielsweise Ihren Status posten und das Passwort ändern.

3.6.2 Alfresco-Sites

Bei einer Alfresco-Site handelt es sich um einen Projektbereich, in dem Inhalte geteilt werden und in dem man mit anderen Site-Mitgliedern zusammenarbeiten kann. Jeder Alfresco-User kann eine Site erzeugen, wobei der Anlegende immer auch automatisch der Site-Administrator ist. Aber er kann auch weitere Administratoren anlegen.

Jede Site besitzt eine Kennzeichnung, ob sie öffentlich oder privat ist. Mit dieser Eigenschaft ist auch festgelegt, wer welche Site zu sehen bekommt und wie Benutzer Mitglieder werden können. Alfresco kennt drei Site-Typen:

- **Öffentliche Site**: Alle Benutzer können die Inhalte sehen, aber nur die Site-Mitglieder können mit den Inhalten arbeiten. Außerdem kann jeder Benutzer der Site beitreten.
- **Moderierte öffentliche Site**: Alle User können auf die Site zugreifen, aber nur die Site-Mitglieder können die Inhalte sehen und damit arbeiten. User müssen außerdem beim Moderator die Mitgliedschaft beantragen.
- **Private Site**s: Nur Site-Mitglieder können auf die Inhalte zugreifen. User müssen zum Eintritt eingeladen werden.

Ein Site-Manager kann andere Benutzer einladen – und zwar unabhängig davon, ob es eine öffentliche oder eine private Site ist. Jeder User kann außerdem seine Mitgliedschaft selbst beenden.

3.6.3 Zugriff auf Alfresco-Sites

Das Zugreifen auf eine Alfresco-Site ist einfach. Sie können einfach den Site-Finder für die Suche verwenden und aus dem Suchergebnis heraus darauf zugreifen. Ein alternativer Weg: Sie erhalten eine Einladung zu einer Site und folgen einfach dem Verweis in der Nachricht. Verweisen zu Sites können Sie auch in Dokumenten beggnen. Auch in einem solchen Fall folgen Sie einfach dem Link.

Der Zugriff auf Alfresco-Sites.

Das Menü *Sites* ist ein guter Ausgangspunkt für den Zugriff auf andere Sites. Neben dem Site-Finder können Sie über den Eintrag *Meine Sites* auf die Site zugreifen, deren Mitglied Sie sind. Das Site-Menü führt auch die zuletzt besuchten Sites und Ihre Favoriten auf.

Wenn Sie auf eine andere Site zugreifen, präsentiert diese Ihnen immer zunächst das Site-eigene Dashboard. Das bietet Ihnen in der Regel einen Überblick über die wesentlichen Aufgaben und Elemente.

Alfreso kennenlernen

Eine typische Site und deren wichtigsten Elemente.

Wenn Sie auf eine andere Site zugreifen, so präsentiert diese Ihnen in der Standardkonfiguration die Site-Mitglieder, die Inhalte und die Aktivitäten. So erhalten Sie schnell einen Überblick, ob sich dort für Sie relevante Informationen finden.

Um eine neue Site anzulegen, führen Sie den Menübefehl *Site > Site erstellen* aus. Weisen Sie der neuen Site eine Bezeichnung und optional eine Beschreibung zu. Das URL-Feld füllt Alfresco automatisch auf Grundlage des Site-Namens aus, aber Sie können auch eine eigene URL verwenden.

Bestimmen Sie außerdem den Typ und die Sichtbarkeit. Mit einem Klick auf *OK* legen Sie die neue Site an.

Das Anlegen einer Alfresco-Site.

Nach dem Anlegen können Sie sich ersten administrativen Aufgaben widmen. Sie können beispielsweise über das *Eigenschaften*-Menü erste Anpassungen vornehmen oder neue Benutzer und Inhalte hinzufügen.

Insbesondere das Menü *Einstellungen > Site anpassen* hat es in sich. Standardmäßig verfügt eine neue Site lediglich über eine Bibliothek und eine Ansicht der Mitglieder und Aktivitäten. Aber das können Sie über das *Anpassen*-Formular einfach ändern. Sie können folgende Module aktivieren:

- Kalender
- Wiki

Alfreso kennenlernen

- Diskussionen
- Blog
- Links
- Datenlisten

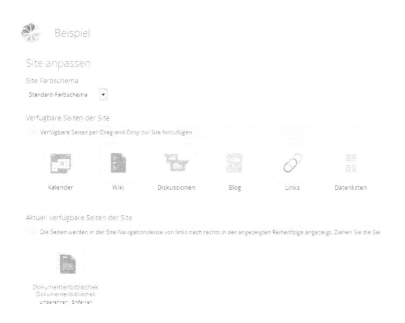

Das Anpassen der neuen Site.

Um eine Site um eine dieser Komponenten zu erweitern, markieren Sie in der Liste der verfügbaren Seiten einen entsprechenden Eintrag und ziehen diesen in den Bereich der aktuell verfügbaren Module. Dort können Sie die Einträge umbenennen und auch wieder entfernen.

Sie können auch nicht mehr benötigte Sites aus der Umgebung entfernen. Dazu verwenden Sie den Site-Finder und recherchieren nach der betreffenden Site. Aus dem Suchergebnis heraus können Sie sich aus der Site abmelden oder diese mit einem Klick auf die *Löschen*-Schaltfläche entfernen.

3.6.4 Mitglieder verwalten

Nachdem Sie eine neue Site angelegt und dort die gewünschten Funktionen aktiviert haben, geht es im nächsten Schritt darum, erste Benutzer anzulegen und diese den Sites zuzuweisen.

Hierfür stehen Ihnen mehrere Wege offen. Sie können interne, aber auch externe Anwender in das System integrieren. Der übliche Weg: Sie legen mit Hilfe der Admin-Tools Mitarbeiter an. Im nächsten Schritt öffnen Sie dann die Site-Einstellungen und führen die Funktion *Benutzer einladen* aus. Die ist über die Mitgliederübersicht und über das zugehörige Icon in der rechten oberen Ecke verfügbar.

Die Funktionen für das Einladen von Anwendern.

In dem zugehörigen Dialog verwenden Sie die Suche, um nach den gewünschten Mitarbeitern zu suchen. Bereits mit der Eingabe der ersten Zeichen werden die passenden Einträge in dem Listenfeld aufgeführt. Sie können nach Benutzernamen und Profilen recherchieren. Markieren Sie einen Eintrag und klicken Sie auf *Hinzufügen*. Im Feld 2 weisen Sie dem neuen User eine Rolle zu. Sie haben die Wahl zwischen folgenden Optionen:

- Manager
- Mitarbeiter
- Beitragender
- Verbraucher

Klicken Sie als Nächstes auf die Schaltfläche *Einladen*, um den oder die Personen für Ihre Site zu gewinnen.

Die Auswahl der einzuladenden Anwender.

Sie können auch Personen einladen, die nicht in dem System als Mitarbeiter oder anderer User registriert sind. Dazu verwenden Sie das Feld *Externe Benutzer hinzufügen* und geben den Vor- und Zunamen sowie die E-Mail-Adresse an.

3.6.5 Die Bibliothek kennenlernen

In der Bibliothek verwalten Sie Ihre Dokumente und multimedialen Dateien. Die werden üblicherweise in das System hochgeladen und können dann mit entsprechenden Berechtigungen versehen und mit anderen Anwendern geteilt werden.

Sie können aber auch direkt im Dokumentenmanagementsystem neue Dateien anlegen. Der Zugriff auf die Bibliothek erfolgt über das Menü *Meine Dateien*.

In der Bibliothek können Sie den hochgeladenen oder bearbeiten Dokumenten benutzerdefinierte Bezeichnungen und natürlich individuelle Rechte zuweisen.

Über Filter und Ordner können Sie die Ansicht einschränken bzw. für die notwendige Ordnung sorgen. Die Bibliothek ist übersichtlich aufgebaut: Links finden Sie die Navigationsleiste, mit der Sie sich in der bestehenden Ordnerstruktur bewegen können, rechts die dazugehörigen Details und Ansichten.

Über das rechts befindliche *Optionen*-Menü können Sie zwischen verschiedenen Ansichten wechseln. Standardmäßig ist die Detailansicht aktiviert.

Welche Ansicht darf's denn sein?

Meist sind die ersten Aktionen das Speisen des Systems mit neuen Dokumenten. Dazu klicken Sie in der Kopfzeile auf die Schaltfläche *Hochladen* und führen dann den Upload durch. Über Add-ons ist auch der Upload von Hunderten Dokumenten möglich.

Über die linke Navigationsleiste können Sie sich bequem in den Dokumenten und den Strukturen bewegen.

Das Anlegen von neuen Dokumenten und Ordnern.

Das Besondere an Alfresco ist auch, dass Sie in der Umgebung unmittelbar neue Dokumente anlegen können. Über das *Erstellen*-Auswahlmenü können Sie verschiedene Dokumententypen erstellen. Auch das Erstellen von neuen Ordnern ist hier möglich.

Ein geöffnetes Word-Dokument in Alfresco Community Edition.

Um Ihnen einen ersten Eindruck von den vielen dokumentenspezifischen Funktionen zu vermitteln, die Alfresco zu bieten hat, laden wir exemplarisch ein Word-Dokument in das System und greifen dann über die Web-Schnittstelle darauf zu.

Alfresco präsentiert Ihnen die Dokumentendetails, eine Vorschau und unzählige Dokumentenaktionen. Sie können beispielsweise die Dokumenteneigenschaften bearbeiten, es in Google Docs öffnen, eine Workflow starten und die Berechtigungen verwalten. Auch das Weiterleiten ist möglich. In der rechten unteren Ecke finden Sie die URL, über die auf das Dokument zugegriffen werden kann. Wie wir später noch sehen werden, können Sie insbesondere Office-Dokumente komfortabel bearbeiten.

Wenn Sie in der Dokumentenansicht nach unten navigieren, können Sie rechts die Dokumenteneigenschaften und Workflow-Funktionen verwenden. Auch der Bearbeitungsverlauf wird hier angezeigt. Eine weitere praktische Funktion der Bibliothek sollten Sie noch kennen: Wenn Sie einen Ordner öffnen, so können Sie die Dateien per Drag&Drop direkt in das System ziehen. Das funktioniert beispielsweise bei den Dokumentenablagen der Benutzer.

Alfreso kennenlernen

Die Ablagen im DMS können per Drag&Drop gefüllt werden.

Zu jedem Ordner und zu jeder Datei können Sie die Berechtigungen bearbeiten. Dazu öffnen Sie die Detailansicht und führen den Befehl Berechtigungen *verwalten* aus. In dem zugehörigen Dialog können Sie dann die gewünschten Rechte zuweisen. Diese sind in Form von Gruppenzugehörigkeiten und Rollen definiert. Diese bearbeiten Sie in der Alfresco-Administration.

3.6.6 Regeln

In der Bibliothek können Sie mit sogenannten Ordnerregeln die Verwaltung Ihres Contents automatisieren. Dabei sind viele verschiedene kreative Lösungen vorstellbar, ohne dass eine einzige Aktion von Ihnen notwendig wäre. Einige Beispiele vermitteln Ihnen einen Eindruck, was Sie mit dieser Funktion alles anstellen können:

Dokumenten verwalten und bearbeiten

- Für alle Dokumente in dem Entwurfsordner kann die Versionierung aktiviert werden.
- Für Dateien im Entwurfsordner wird automatisch ein einfacher Workflow angelegt.
- Allen Dateien im Ordner *Erledigt*, werden entsprechend getaggt und dann archiviert.
- GIF-Dateien, die in einen Bilderordner kopiert werden, wandelt das System in PNG-Dateien um.
- Präsentationen in einem öffentlichen Ordner werden automatisch nach Flash transformiert.

Eine entsprechende Content-Regel besteht aus drei Teilen:

- Das Ereignis, das die Regel auslöst (Trigger).
- Die Bedingung, die der Content erfüllen muss.
- Die Aktion, die auf den Content angewendet wird.

Folgende Ereignisse können eine Regel auslösen:

- Ein Content-Element wird in einen Ordner kopiert.
- Ein Content-Element wird aus einem Ordner entfernt.
- Ein Content-Element wird modifiziert.

Alfreso kennenlernen

Das Anlegen einer Ordnerregel.

Das Anlegen einer solchen Regel ist – wie so vieles in Alfresco – wieder sehr einfach. Führen Sie den Mauszeiger über den Ordner, dessen Einstellungen Sie bearbeiten wollen. Im rechten Bereich öffnet sich ein Menü, in dem Sie den Befehl *Mehr > Regeln verwalten* ausführen.

Da vermutlich noch keine Regel existiert, können Sie eine neue anlegen oder den Ordner mit einer bereits existierenden Regel eines anderen Ordners verknüpfen. Wir entscheiden uns für das Erstellen einer neuen Regel. Folgen Sie dem Verweis *Regel erstellen*.

In dem zugehörigen Dialog weisen Sie der Regel zunächst eine Bezeichnung zu, optional eine Beschreibung. Als Nächstes bestimmen Sie den Trigger. Dazu wählen Sie aus dem Auswahlmenü *Regel definieren* eine der folgenden Bedingungen:

- Objekte werden hier erstellt oder hierhin verschoben
- Objekte werden aktualisiert
- Objekte werden gelöscht oder aus diesem Ordner verschoben

Sie können über das Pluszeichen am Ende des Auswahlmenüs weitere Bedingungen verwenden.

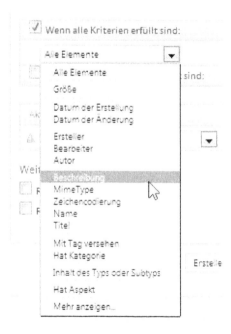

Die Auswahl der Elemente, auf die die Regel angewendet wird.

Als Nächstes bestimmen Sie über ein umfangreiches Auswahlmenü das Element, das die Grundlage der Bedingung bildet. Sie können es aus- oder einschließen.

Ist die Bedingung angelegt, konfigurieren Sie im nächsten Schritt die auszuführende Aktion. Auch hierfür steht Ihnen wieder ein umfangreiches Auswahlmenü zur Verfügung, in dem Sie beispielsweise das Verschieben, den Versand einer E-Mail, das Umwandeln eines Bildes oder den Import als Aktion auswählen können.

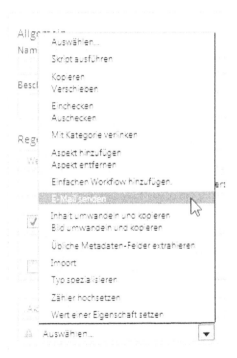

Die Auswahl einer Aktion für die neue Regel-Konfiguration.

Mit einem Klick auf *Erstellen* legen Sie die erste Regel-Konfiguration an. Die neu angelegte Regel landet automatisch in der Regel-Verwaltung. Dort können die Anwendungsreihenfolge verändert und Regeln gelöscht werden. Alfresco erlaubt auch das Bündeln von Regeln zu Regelsätzen. Auf diesem Weg können Sie sogar einfache Workflows anlegen.

3.7 Mit Inhalten jonglieren

Die Kernfunktion von Alfresco ist die Verwaltung von Inhalten. Daher stellt Ihnen das Alfresco auch jede Menge Funktionen für das Erzeugen von Ordnern und Dateien zur Verfügung. Sie und andere Mitarbeiter können Inhalte markieren, organisieren und natürlich bearbeiten

Eine tolle und sehr benutzerfreundliche Funktion haben Sie oben bereits kennengelernt: Die Drag&Drop-Unterstützung, die es Ihnen erlaubt, Dokumente und sonstige Medien mit der Maus in das System zu ziehen. Öffnen Sie zunächst das Menü *Meine Datei* und dort den Ordner, den Sie mit weiteren Daten befüllen wollen. Markieren Sie auf Ihrem Desktop die Dateien, die Sie mit Alfresco verwalten wollen, und ziehen diese in die Ablage.

Alfresco stellt Ihnen für das Bearbeiten von Dateien und Ordner verschiedene Funktionen zur Verfügung. Auf diese greifen Sie zu, indem Sie den Mauszeiger über ein Objekt führen und dann den Befehl *Eigenschaften bearbeiten* ausführen. Je nach Objekttyp steht Ihnen dann ein mehr oder minder umfangreiches Bearbeitungsformular zur Verfügung. Bei einem Dokument können Sie insbesondere den Namen, den Titel, die Beschreibung, den Autor und den Eigentümer bearbeiten.

Das Bearbeiten der Dokumenteneigenschaften.

Sie können Ihre Objekte außerdem mit sogenannten Tags kennzeichnen. Das sind Metadaten, also Daten über ein Objekt, die insbesondere die Suche in riesigen Datenbeständen vereinfachen und beschleunigen. Außerdem können Sie Kategorien verwenden, um Inhalte besser zu strukturieren. In Alfresco können Sie folgende Elemente mit Tags kennzeichnen:

- Dateien und Ordner
- Wiki-Seiten
- Blog-Beiträge
- Dokumente
- Diskussionsthemen
- Kalendereinträge
- Links

Das Anlegen und Zuweisen von Tags.

Die Verwendung der Tag-Funktion ist einfach: Öffnen Sie zunächst die vollständigen Eigenschaften des Objekts. Und klicken Sie dann im Bereich *Tags* auf die Schaltfläche *Auswählen*.

In dem gleichnamigen Dialog können Sie Tags anlegen und auswählen. Da Sie bei einer Erstinstallation natürlich noch keine angelegt haben können, ist das der erste Schritt. Geben Sie das Tag in das Eingabeformular ein und klicken Sie auf das Betätigungshäkchen. Um dem Objekt ein Tag zuzuweisen, klicken Sie rechts neben dem Eintrag auf das Pluszeichen.

3.8 Aufgaben und Workflows

Sie können mit Alfresco nicht nur Dokumente horten und diese in eine Struktur zwängen, sondern den Mitarbeitern auch Aufgaben und Workflows zuweisen, mit denen Sie die notwendigen Bearbeitungsschritte verfolgen können. Sie können Aufgaben und Workflows anlegen. Was Aufgaben sind, dürfte den meisten Lesern klar sein, was aber ist ein Workflow genau? Ein Workflow kontrolliert die Ausführung einer Aufgabe. Dazu gehört beispielsweise die Dokumentenprüfung.

Jede Aufgabe kann einer oder mehreren Personen zugewiesen werden. Wer einen Workflow anlegt, kann dafür sorgen, dass automatisch eine Benachrichtigungs-E-Mail an die Benutzer verschickt wird, denen eine Aufgabe als Teil des Workflows zugewiesen wurde.

Das Starten eines Workflow-Prozesses.

Sowie alle Aktionen für die Durchführung eines Workflows beendet sind, wird der Status des Workflows von *Aktiv* nach *Vollständig* geändert. Dann kann ein Workflow-Eintrag auch gelöscht werden. Während der Anleger des Workflows diesen verwaltet, sind die beauftragten User für das Abarbeiten ihrer Aufgaben zuständig.

In Alfresco stehen Ihnen verschiedene Wege offen, einen Workflow anzulegen:

1. Führen Sie den Mauszeiger über eine Datei und führen Sie den Befehl *Mehr > Workflow starten* aus.

2. Führen Sie den Menübefehl *Aufgaben > Begonnene Workflows* aus. Im zugehörigen Dialog können Sie auch einen Workflow initiieren.
3. Klicken Sie im Dashlet *Meine Aufgabe* auf *Workflow starten*.
4. Der zugehörige Dialog stellt Ihnen folgende Workflow-Typen zur Auswahl:

    a. Neue Aufgabe: Hiermit weisen Sie sich oder einem Kollegen eine neue Aufgabe zu.

    b. Überprüfen und genehmigen (ein Überprüfer): Weist einem einzelnen Überprüfer eine Überprüfung zu.

    c. Überprüfen und genehmigen (einer oder mehrere Überprüfer): Weist mehreren Überprüfern eine Überprüfung zu.

    d. Überprüfen und genehmigen (gebündelte Überprüfung): Weist mehreren Überprüfern eine Überprüfung zu, die für die Aufgabe zuständig sind.

    e. Überprüfen und genehmigen (Gruppenüberprüfung): Weist eine Überprüfung einer Gruppe zu.

Exemplarisch zeige ich Ihnen, wie Sie einen Aufgaben-Workflows anlegen. Die anderen Workflow-Typen sind aufwändiger und bieten mehr Konfigurationsmöglichkeiten.

Bei einem einfachen Aufgaben-Workflow weisen Sie diesem zunächst eine Nachricht zu, die an die Mitarbeiter übermittelt wird. Dann bestimmen Sie die Fälligkeit und die Priorität.

Als Nächstes bestimmen Sie den oder die Bevollmächtigen. Dazu klicken Sie auf *Auswählen*, suchen nach den Verantwortlichen und fügen diese hinzu.

Der nächste Schritt dient der Auswahl der Objekte. Diese weisen Sie über die *Hinzufügen*-Schaltfläche dem Workflow zu. Sie müssen nur noch festlegen, ob die Standardbenachrichtigungen versendet werden sollen oder nicht. Dann generieren Sie den ersten Aufgaben-Workflow mit einem Klick auf *Workflow starten*.

Das Anlegen eines ersten Workflows.

Nach dem Starten des Workflows landen Sie in der Workflow-Übersicht. Dort werden alle aktiven Konfigurationen aufgeführt. Sie können die Details einsehen und sogar ein Workflow-Diagramm abrufen. Aus der Detailansicht heraus können Sie auch die angelegten Aufgaben abrufen.

3.9 Aufgaben

Aufgaben sind ein weiteres wichtiges Element in der Alfresco-Umgebung. Mit jedem Workflow, den Sie anlegen und dem Sie Bearbeiter zuweisen, legen Sie auch für diese Kollegen automatisch Aufgaben an.

Aber auch jeder einzelne Anwender kann sich eigene Aufgaben zuweisen. Das kann über das Dashlet *Meine Aufgaben* oder über das gleichnamige Menü erfolgen. Zu jeder Aufgabe gehört immer auch ein Workflow. Eine Aufgabe anlegen, bedeutet immer auch einen Workflow anlegen.

Ein erster Eintrag in der Aufgabenverwaltung.

Im Menü *Aufgaben* werden alle Aufgaben aufgeführt, die Sie für sich selbst angelegt oder die andere für Sie angelegt haben. Wenn Sie den Mauszeiger über einen Eintrag führen, können Sie die Aufgabe bearbeiten sowie die Aufgabendetails und Workflow-Informationen anzeigen.

Für die Verwaltung Ihrer Aufgaben gibt es mehrere Wege. Führen Sie für all diese Schritte zunächst den Befehl *Bearbeiten* in der Aufgabenübersicht aus, um die Aufgabe in den Bearbeitungsmodus zu versetzen. Sie können beispielsweise den Status ändern. Dazu greifen Sie auf das Auswahlmenü *Status* im Bereich *Fortschritt* zu. Das Menü stellt Ihnen folgende Optionen zur Auswahl:

- Noch nicht gestartet
- In Bearbeitung
- In Warteschlange
- Abgebrochen
- Abgeschlossen

Vergessen Sie nicht bei etwaigen Änderungen diese mit einem Klick auf *Speichern und Schließen* zu übernehmen. Sie können außerdem die Zuweisung bearbeiten. Dazu klicken Sie im Kopfbereich auf die Schaltfläche *Neu zuweisen* und suchen nach neuen bzw. weiteren Bearbeitern.

108 Dokumenten verwalten und bearbeiten

Der Zugriff auf weitere aktivierte Alfresco-Site-Module.

3.10 Weitere Alfresco-Module

Wie wir bereits oben gesehen haben, können Sie für die Alfresco-Sites neben den Standardmodulen auch weitere Module zuschalten. Hierfür verwenden Sie die jeweilige Site-Konfiguration und führen den Befehl *Site anpassen* aus.

Sie können folgende Module zuschalten, die nach der Inbetriebnahme über das Menü in der Site-Kopfzeile verfügbar sind:

- **Kalender**: Im Kalendermodul können Sie Ereignisse planen und verfolgen.

- **Wiki**: Erlaubt das Anlegen eines typischen Wikis. Die Site-Mitglieder können Inhalte anlegen.

- **Diskussion**: Hier steht Ihnen ein einfaches Diskussionsforum zur Verfügung.

- **Blog**: Sie können in Alfresco auch einen einfachen Blog anlegen und Ihre Kollegen so beispielsweise über aktuelle Geschehnisse informieren.

- **Links**: Stellt die Funktionen eines typischen Link-Verzeichnisses zur Verfügung.

- **Datenliste**: Erlaubt Ihnen das Anlegen verschiedener Listentypen, beispielsweise von Aufgaben-, Ereignis- und Kontaktlisten. Die Aufgabenliste ist in einer einfachen und einer erweiterten Variante verfügbar.

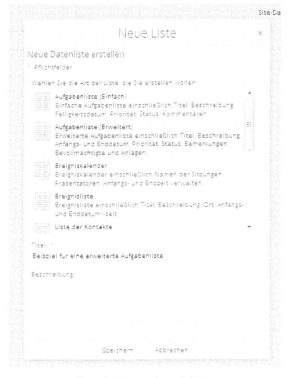

Das Anlegen einer Liste.

3.11 Suche in Alfresco

Damit Alfresco auch dem Anspruch gerecht werden kann, dass die Anwender schnell und einfach Dokumente und Inhalte finden können, benötigen Sie eine leistungsfähige Suchfunktion. Auch die hat das Dokumentenmanagementsystem zu bieten.

Die Suche in Aktion.

Die Suche finden Sie in der rechten oberen Ecke. Mit ihrer Hilfe können Sie nach Dateien, Sites und Personen suchen. Bereits bei der Eingabe der ersten Zeichen präsentiert Ihnen die Suche eine Auswahl von passenden Einträgen – so, wie Sie es von Google & Co. kennen.

Beachten Sie, dass alle Sites über die Suche durchsuchbar sind und nicht nur die, bei denen Sie Mitglied sind. Lediglich die Inhalte von privaten Sites, bei denen Sie nicht Mitglied sind, werden nicht als Suchergebnis angezeigt. Bei der Suche können Sie übrigens auch Platzhalter (*) und Phrasen („das ist eine Phrase") verwenden.

Alfresco präsentiert Ihnen die fünf wichtigsten Ergebnisse unterhalb des Suchformulars. Dabei werden auch Wiki-Seiten und Blog-Beiträge berücksichtigt.

Alfresco stellt Ihnen außerdem eine erweiterte Suche zur Verfügung, in der Sie die Suche gezielt einschränken können. Die erweiterte Suchfunktion öffnen Sie mit einem Klick auf das Lupen-Symbol. Neben den Stichworten können Sie folgende Suchkriterien verwenden:

- Name
- Titel
- Beschreibung
- MIME-Typ
- Datum der Änderung
- Bearbeiter

Wenn Ihnen diese Suchmöglichkeiten noch nicht flexibel genug erscheint, so ist das kein Problem, denn die Alfresco-Suche unterstützt verschiedene Suchparameter und -optionen, mit denen Sie noch schneller ans Ziel gelangen.

Wenn Sie Inhalte und Objekte suchen, die das Wort *Haus* enthalten, so verwenden Sie hierfür folgende Eingabe im Suchformular:

```
Haus
```

oder

```
=haus
```

Diese Suche recherchiert nach Namen, Titeln, Beschreibungen, Kommentaren und Inhalten. Wenn Sie keine weiteren Suchoptionen verwenden, wird auch nach Tags recherchiert.Wenn Sie nach einem exakten Suchbegriff suchen, fassen Sie diesen in Anführungszeichen ein:

```
„haus der dinge"
```

Auch hier wird nach Namen, Titel, Beschreibungen, Kommentaren und Inhalten gesucht.

Sie können auch logische Verknüpfungen in Ihrer Suche verwenden, beispielsweise die Boolschen Operatoren OR, AND und NOT. So lassen sich gezielt Wörter ein- und ausschließen:

```
haus OR baum NOT meister
```

Wenn Sie nach einem Wort im Titel des Content-Elements suchen, schränken Sie die Suche wie folgt ein:

```
title:haus
```

Um nach dem Namen *Haus* zu suchen, verwenden Sie folgende Konfiguration:

```
name:haus
```

Die Suche wird auf Ordner und Content-Element in der Bibliothek und Wiki-Seitentitel begrenzt.

Soll ein Begriff in einer Beschreibung gesucht werden, verwenden Sie hier folgendes Suchmuster:

```
description:haus
```

Dabei werden die Beschreibungen von Ordnern und Content-Elementen in der Bibliothek durchsucht. Auch die Beschreibung von Datenlisten.

Suchen Sie nach einem Begriff im Site-Content, so können Sie die Suche wie folgt einschränken:

```
text:haus
```

Dabei werden Wiki-Seiten, Blog-Beiträge, Kommentare, Content-Element und auch Diskussionsbeiträge durchsucht. Sie können die

Suche in Alfresco 113

Suche auch auf einen bestimmten Zeitraum einschränken. Ein Beispiel:

```
created: "2015-10-20"
```

Gesucht wird dabei in Wiki-Seiten, Blog-Beiträge, Bibliothekordnern, Content-Elementen, Ereignissen, Links, Diskussionen, Datenlisten und den Kommentaren.

Auch die Angabe eines Zeitraums ist möglich:

```
created:["2015-10-10" to "2015-10-20"]
```

Sie können auch den Zeitpunkt der letzten Modifikation als Suchkriterium verwenden. Auch hierzu ein Beispiel:

```
modified:"2015-10-20"
```

Sie können bei der Suche nach Modifikationen auch einen Zeitraum angeben:

```
modified:["2015-08-10" to "2015-10-20"]
```

Wenn Sie sich für die Inhalte eines bestimmten Benutzers interessieren, verwenden Sie hierfür folgende Suche:

```
creator:benutzername
```

Ersetzen Sie dabei *benutzername* durch den gewünschten Benutzernamen.

Suchen Sie nach Elementen, die ein bestimmter Benutzer modifiziert hat, so verwenden Sie hierfür folgende Suche:

```
modifier:benutzername
```

Schließlich können Sie noch mit Platzhaltern arbeiten. Dazu verwenden Sie das Sternchen:

```
text:*haus*
```

Diese Suche recherchiert in Wiki-Seiten, Blog-Beiträgen, der Bibliothek, Content-Elementen, Diskussionen und Kommentaren.

Wenn Sie den Aufwand für das Aufsetzen eines Alfresco-Systems scheuen, können Sie auch einfach Ihre Dokumente über Google Docs immer und überall verfügbar haben.

4 Projekte, Termine und Aufgaben im Griff

Unser Büroalltag besteht meist aus Projekten und Aufgaben, die bewältigt werden wollen. Um diese, die damit verbundenen Aktionen, Dokumente etc. zu verwalten, benötigen Sie eine professionelle Projektmanagementumgebung. Mit der können Sie auch gleich Ihre Termine verwalten. Nun gibt es jede Menge Projektverwaltungen, insbesondere auch aus dem Open Source-Umfeld. In diesem Kapitel möchte ich Ihnen eine vorstellen, die das Zeug zum Newcomer des Jahres besitzt: OrangeScrum.

OrangeScrum (*http://www.orangescrum.org*) ist eine bislang in Deutschland noch recht unbekannte Projektmanagementumgebung, die in der Community Edition der GPLv3 unterliegt. Die PHP-basierte Projektmanagementlösung unterstützt insbesondere agile Methoden wie beispielsweise Scrum. Sie vereint Funktionen für die Projekt- und Ressourcenplanungen sowie die Aufgabenverteilung unter einer komfortablen Web-Oberfläche.

Beim ersten Blick auf die Projekt-Website fällt zunächst die vollmundige Behauptung der Entwickler auf, dass es sich bei OrangeScrum um die Nummer Eins unter den Projektmanagementtools handeln soll. Das darf man getrost als Marketing-Masche bewerten und sich den eigentlichen Funktionen und Möglichkeiten der Umgebung zuwenden.

4.1 *OrangeScrum im Überblick*

Das Ziel des Neulings ist klar definiert: OrangeScrum soll (Klein-) Unternehmen dabei unterstützen, Projekte schnell, effektiv, im Budget und im gesetzten Zeitrahmen zu realisieren. Hierfür stellt Ihnen die Umgebung verschiedene Module zur Verfügung. Aufgaben verwaltet man in der Aufgabenverwaltung. Sie erlaubt das Erstellen, Zuweisen und die Zusammenarbeit im Team, auch das gemeinsame Verwenden von Informationen in Echtzeit.

Für die Planung stellt Ihnen OrangeScrum verschiedenste Funktionen für die Zuweisung von Statusinformationen und Prioritäten sowie für das Teilen von Dokumenten zur Verfügung. Die PM-Umgebung unterstützt das Kostenmanagement genauso wie das Abbilden auf dem Zeitstrahl. Gantt-Charts bieten den Projektmitarbeitern einen visuellen Blick auf alle relevanten Projektinformationen. Die Visualisierung unterstützt die Projektmanager insbesondere bei der Optimierung der weiteren Abläufe und Schritte. Die Charts helfen auch beim Tracking.

Das Dashboard ist der Ausgangspunkt für die Arbeit mit der Projektmanagementumgebung.

Eine weitere Stärke von OrangeScrum ist die Zusammenarbeit und die direkte Kommunikation. Die Projektbeteiligen können unterschiedlichste Dateien und Dokumente gemeinsam nutzen. OrangeScrum integriert auf Wunsch auch die Dropbox oder Google Drive als Datei- bzw. Dokumentenablage. Ein Warnsystem informiert die Projektmitglieder über Hinweise und sonstige relevanten Informationen.

Last but not least verfügt OrangeScrum über umfangreiche Report- und Analysefunktionen, die Ihnen auf Wunsch visuelle Auswertungen mit unterschiedlichen inhaltlichen Tiefen für verschiedene Informationsbedürfnisse bieten. Damit ist OrangeScrum zumindest auf dem Papier bestens für den Einsatz in kleineren bis mittleren Unternehmen geeignet. Doch wird die PM-Umgebung diesem Anspruch auch in der Praxis gerecht?

4.2 OrangeScrum in Betrieb nehmen

Die meisten der heute verfügbaren freien Unternehmenslösungen sind webbasiert. Der Grund ist einfach: Sie nutzen mit dem Apache-Webserver, MySQL oder einem anderen Datenbanksystem, PHP und weiteren Skriptsprachen etablierte Tools und Techniken, die sich in der Vergangenheit millionenfach bewährt haben. Ein weiterer Vorteil: Mit Lösungen wie XAMPP (*http://www.apachefriends.org*) lässt sich mit minimalem Aufwand eine entsprechende Basis schaffen, auf der Sie OrangeScrum ausführen können. Mit XAMPP steht Ihnen eine Umgebung zur Verfügung, mit der jeder Technikinteressierte die Voraussetzung für die Inbetriebnahme einer OrangeScrum-Installation schaffen kann – und das mit nur wenigen Mausklicks.

Vorausgesetzt, Sie besitzen bereits eine XAMPP-Installation, öffnen Sie den Datenbankmanager pypMyAdmin und legen dort einen neuen Benutzer mit der Bezeichnung *orangescrum* an. Stellen Sie durch Aktivieren der Option *Erstelle eine Datenbank mit gleichem Namen und gewähre alle Rechte* sicher, dass für OrangeScrum eine eigene Datenbank angelegt wird. In der Datenbankübersicht von phpMyAdmin finden Sie den neuen Eintrag. Gewähren Sie dem OrangeScrum-Benutzer außerdem alle Berechtigungen.

Der nächste Schritt dient dem Import der Datenbank, die in dem Installationspaket enthalten ist. Dazu öffnen Sie die oben angelegte Ablage und dann die Registerkarte *Importieren*. Suchen Sie in dem entpackten OrangeScrum-Archiv nach der Datei *database.sql* und führen Sie den Importvorgang aus. phpMyAdmin präsentiert Ihnen in der Datenbankansicht die importierte Datenbankstruktur mit seinen Tabellen.

CakePHP: the rapid development php framework

> There is some Problem
>
> Please check you database connection in `app/Config/database.php` or may be some syntax error in your code

CakePHP: the rapid development php framework

Der Teufel steckt im Detail: Einfache Konfigurationsfehler verhindern die vollständige Installation.

Als Nächstes kopieren Sie den entpackten OrangeScrum-Ordner in das Dokumentenverzeichnis des Webservers. Wenn Sie XAMPP verwenden, ist dies das htdocs-Verzeichnis. Öffnen Sie dann das Verzeichnis *\OrangeScrum\app\Config* und dort die Datei *database.php* mit einem Editor Ihrer Wahl. Hier bearbeiten Sie folgende Konfiguration:

```
'host' => 'localhost'
'login' => 'root'
'password' => ''
'database' => ''
```

Die Einstellung *localhost* behalten Sie bei. Aus *login* machen Sie *orangescrum*. *password* ersetzen Sie durch das Passwort, das Sie beim Anlegen des Benutzers und der zugehörigen Datenbank verwendet haben. Das Argument *database* verlangt die Datenbankbezeichnung, in unserem Beispiel *orangescrum*.

Führen Sie mit dem XAMPP Control Panel einen Neustart des Apache-Webservers und des MySQL-Datenbankservers aus. Nun können Sie auf OrangeScrum zugreifen. Verwenden Sie hierfür folgende URL:

```
http://IP-Adresse/orangescrum/
```

Aber Vorsicht: Der Teufel steckt bei der Installation im Detail. Schon ein kleiner Konfigurationsfehler kann dazu führen, dass sich Orange-Scrum nicht vollständig installieren lässt. Wenn Sie sich zunächst einen ersten Eindruck von der PM-Umgebung verschaffen wollen, können Sie OrangeScrum in aller Ruhe in einer Online-Demo (*http://www.orangescrum.com/demo/*) testen.

4.3 Aufgaben verwalten

Nach der Erstinstallation von OrangeScrum präsentiert Ihnen die Projektverwaltung eine übersichtlich gestaltete Benutzerschnittstelle, die bereits erahnen lässt, wie vielfältig die Funktionen sind. Leider ist die Schnittstelle bislang nur in englischer Sprache verfügbar. Aber die Entwickler arbeiten nach eigenen Aussagen mit Hochdruck an einer deutschsprachigen Version. Diese soll im Laufe des Frühjahres auch in der Community Edition verfügbar sein.

Der Ausgangspunkt der Arbeit mit der Projektmanagementumgebung ist das sogenannte Dashboard. Wie man es von vergleichbaren Programmen kennt, bietet es einen Überblick über die aktuellen Projekte, Aufgaben etc. Von hier aus greifen Sie auf die Kanban-Funktion zu, verwalten Sie Dateien, erstellen Sie Rechnungen, legen Sie Projektmitglieder an und rufen Sie die von dem System erzeugten Berichte und Auswertungen ab. Administrative Benutzer haben darüber hinaus die Möglichkeit, die Umgebung anzupassen, neue Aufgabentypen anzulegen sowie Daten zu importieren und exportieren.

Aus nahezu allen Dialogen heraus können Sie mit *Create Task* eine neue Aufgabe anlegen. Der weisen Sie einen Titel, ein Projekt, einen Aufgabentyp, eine Priorität und eine Zuständigkeit zu. OrangeScrum stellt Ihnen für die Aufgabenbeschreibung einen komfortablen Editor zur Verfügung, der auch die Verwendung von Dateianhängen und die Integration von Inhalten aus Google Drive und Dropbox erlaubt. Die Verwendung der beiden Cloud-Dienste setzt allerdings voraus, dass Sie die OrangeScrum-Daten in den API-Einstellungen der Dienste konfiguriert haben.

Das Erstellen einer ersten Aufgabe ist dank der benutzerfreundlichen Web-Schnittstelle einfach.

Da bei den ersten Gehversuchen in der PM-Umgebung noch keinerlei Projektmitarbeiter angelegt sind, müssen Sie diese einrichten. Besonders einfach funktioniert das über das *Users*-Menü und die sich dort befindliche Einladefunktion.

Auch die umfangreichen Berichte des Menüs Analytics können sich sehen lassen. Beim Öffnen des Berichtmenüs präsentiert Ihnen OrangeScrum ein für Projektmanagementumgebungen typisches Burn-

Down-Chart, das den verbleibenden Aufwand im Projekt in Relation zur verbleibenden Zeit visualisiert. Wie man es von vergleichbaren Programmen kennt, wird die noch zu erledigende Arbeit (Backlog) auf der senkrechten Achse dargestellt, die Zeit auf der waagerechten. Sie können die Visualisierung zeitlich und auf bestimmte Aufgabentypen einschränken.

Der Aufgabenbericht liefert Ihnen verschiedene aufgabenspezifische Visualisierungen und statistische Auswertungen. Der Wochenbericht liefert Ihnen einen exakten Überblick darüber, wer wieviel Zeit in verschiedene Aufgaben und Projekte investiert hat. Schließlich können Sie zu den verwendeten Ressourcen einen eigenen Bericht generieren. Dazu müssen Sie lediglich die Ressourcen in den Projekteinstellungen anlegen.

4.4 Projektmanagement

Die Kernaufgabe von OrangeScrum ist das Projektmanagement. Um ein erstes Projekt anzulegen, wechseln Sie ins Menü *Projects* und klicken auf *Create New Project*. Im zugehörigen Dialog bestimmen Sie die Projekteigenschaften wie Projektbezeichnung, Mitarbeiter, Beschreibung sowie den Start- und Endzeitpunkt.

Um die Projektplanung zu konkretisieren, öffnen Sie die Projekteinstellungen und weisen dem Projekt die ersten Aufgaben zu. Die Handhabung von OrangeScrum erweist sich in der Praxis als sehr intuitiv. Führt man den Mauszeiger beispielsweise in der Projektverwaltung über einen Eintrag, blendet OrangeScrum einen Dialog ein, über den Sie den Eintrag editieren und neue Projektmitarbeiter hinzufügen können.

Die Projektverwaltung erlaubt das Verändern der Darstellung. Sie können Projekte in Kachel- und Listenform darstellen. Die Kachelansicht bietet sich an, wenn Sie bislang nur wenige Projekte angelegt haben. Über Register können Sie die Ansicht einfach auf bestimmte Zustände beschränken.

Komfortabel: In der Projekteverwaltung ist es ein Kinderspiel, Projekte anzulegen und bearbeiten.

Vorbildlich ist das Zusammenspiel der verschiedenen Funktionen und Module gelöst. Aus der Projektübersicht können Sie einfach auf die Kanban-Funktion, die Projektaktivitäten und den Kalender zugreifen. Komfortabel ist die Aufzeichnung der Arbeitszeiten aus dem Projekt bzw. der Time Log-Funktion heraus möglich.

Das Hantieren mit Projekten vereinfacht sich mit Hilfe der Template-Funktion, mit der Sie Projekt- und Aufgabenvorlagen erstellen können. Diese Funktion und das Gantt-Chart finden Sie im Menü *Miscellaneous*. Das Gantt-Chart-Modul erlaubt Ihnen sogar die interaktive Bearbeitung der Projekteinstellungen.

**Auch die Report-Funktionen von OrangeScrum
können sich sehen lassen.**

4.5 Mehr Funktionalität durch Add-ons

Eine weitere Stärke von OrangeScrum ist seine modulare Architektur, die Erweiterungen des Basissystems vorsieht. Außerdem kann das OrangeScrum-API für die Kommunikation und den Datenaustausch mit anderen Umgebungen genutzt werden. Die beiden bereits in der aktuellen OrangeScrum-Version enthaltenen Module *Invoice* und *Time Log*, die der Rechnungsstellung und der Zeiterfassung dienen, sind bereits feste Bestandteile von OrangeScrum.

Ein neues Add-on nennt sich *Task Status Group*. Mit diesem Modul können Sie eine Aufgabengruppe mit einem eindeutigen Status und Rahmenbedingungen anlegen. Jede Aufgabengruppe besitzt einen bestimmten Status, der von den Projekterfordernissen abhängt. Aktuell befindet sich das Language Pack in der Entwicklung. Dann wird

OrangeScrum endlich auch mehrsprachig und auch eine deutsche Benutzerschnittstelle erhalten.

Auch das Add-on *Recurring Task* ist ein junges Modul, das die wiederholte Ausführung von Aufgaben in definierbaren Zeitintervallen erlaubt. Projektmanager legen einfach die Aufgaben an und bestimmen das Wiederholungsmuster – fertig. Dabei kann auch ein Warnhinweis an den Mitarbeiter ausgegeben werden, damit dieser an die wiederholte Aufgabe erinnert wird.

OrangeScrum macht in der vorliegenden Version bereits einen sehr ausgereiften und stabilen Eindruck. Doch um im Konzert der Großen mitspielen zu können, wird man funktional noch deutlich nachlegen müssen. Um gerade auch im deutschsprachigen Raum auf die gewünschte Resonanz zu stoßen, ist die vordringlichste Aufgabe zweifelsohne die eingedeutschte Benutzerschnittstelle. Im Praxiseinsatz stößt die PM-Umgebung hier und da an ihre Grenzen. So können Aufgaben bislang keine Unteraufgaben zugewiesen werden. Doch daran arbeitet das OrangeScrum-Team nach eigenen Aussagen. Zukunftsmusik ist auch das geplante Ticket-System, das als Add-on implementiert werden soll.

Im Zeitalter der Mobilgeräte kommt heute keine Unternehmenslösung mehr ohne die Möglichkeit des mobilen Zugriffs aus, die idealerweise in Form einer entsprechenden App für Android und iOS implementiert ist. Die Entwickler haben für diesen Sommer entsprechende Apps angekündigt, die den mobilen Zugriff auf die PM-Umgebung erlauben.

Die Apps sollten dann auch wichtige Hinweise und Warnungen ausgeben können. Spannend wird auch die Frage, welche Schnittstellen man Unternehmen für die Anbindung bzw. Integration in bestehende IT-Infrastrukturen anbieten wird. Hierzu gibt es bislang leider keine verlässlichen Informationen.

Mit OrangeScrum schickt sich eine neue Lösung an, den Markt der webbasierten Projektmanagementlösungen aufzumischen. Funktional deckt die Umgebung alles ab, was man in kleineren und mittleren Unternehmen verlangt. Auch die Handhabung ist vorbildlich und benutzerfreundlich gelöst. Bleibt zu hoffen, dass die Entwickler die avisierten Neuerungen zügig realisieren.

5 Dokumente digitalisieren

Auch wenn man in den meisten Unternehmen noch weit entfernt ist vom papierlosen Büro, so ist es doch aus verschiedensten Gründen ein anzustrebendes Ziel, denn es setzt auf die Speicherung aller Dokumente in elektronischen Datenspeichern. Das bringt verschiedene Vorteile und damit vereinfacht sich die Übermittlung von Dokumenten, da man diese überwiegend über elektronische Wege verteilt.

Klein, schnell und flexibel: der Dokumentenscanner ScanSnap iX500 deluxe gehört in jedes Büro.

Überall dort, wo Rechtssicherheit notwendig ist, bietet sich die Umstellung auf rechtsgültige elektronische Signaturen und den Verzicht auf handschriftliche Signaturen an. Im papierlosen Büro werden auch alle alten Papierdokumente eingescannt und gegebenenfalls archiviert. Dazu bedarf es eines speziellen Dokumentenscanners. In diesem Kapitel möchte ich Ihnen zwei Geräte vorstellen, mit denen Sie kostengünstige Ihre bestehenden und alle neuen Belege und Dokumente schnell und einfach digitalisieren können.

5.1 ScanSnap iX 500

Als einer der besten und leistungsfähigen Dokumentenscanner gilt der Fujitsu ScanSnap iX 500. Den Fujitsu-Scanner kann man bereits für ca. 400 EUR erwerben. Für rund 50 EUR mehr erwerben Sie die Deluxe-Edition, der zusätzlich noch die aktuelle Version von Adobe Acrobat Standard beiliegt. Eine Mehrinvestition, die sich auf jeden Fall lohnt.

Mit dem Quick-Menü der ScanSnap-Software ist es ein Leichtes, die Scans an Evernote weiterzureichen.

ScanSnap iX 500

ScanSnap iX 500 ist ein ausgesprochen handlicher und schneller Dokumentenscanner, der all Ihre Dokumente im Handumdrehen digitalisiert. Für Evernote-Anwender ist der Scanner interessant, weil er über entsprechende Treiber für Anbindung von Cloud-Services verfügt. Dabei profitieren Sie von den OCR-Funktionen, die die eingescannten Dokumente durchsuchbar machen.

Die Digitalisierung mit dem ScanSnap-Scanner ist wirklich kinderleicht. Nach der Installation der ScanSnap-Software legen Sie das oder die Dokumente in den Scanner-Schacht und betätigen die *Scan*-Taste auf der Gerätevorderseite. Auf Ihren Windows- oder Mac OS X-Rechner öffnet sich das sogenannte Quick-Menü, das Ihnen eine Fülle von Digitalisierungsoptionen anbietet. Sie können die eingescannten Dokumente direkt auf dem Drucker ausgeben, diese per E-Mail versenden, als Bilder oder PDF-Dokumente in einem speziellen Ordner ablegen oder diese eben an Evernote weiterreichen. Auch die Übertragung der eingescannten Dokumente an ein Mobilgerät ist möglich.

Für die ersten Gehversuche sollten Sie nur eine oder wenige Seiten verwenden. Legen Sie das Dokument in den Schacht und betätigen Sie die *Scan*-Taste. Nach dem Scan-Vorgang wird auf Ihrem Desktop-Computer das ScanSnap Quick-Menü geöffnet. Es stellt Ihnen zwei Evernote-spezifische Scan-Varianten zur Verfügung:

- Scan to Evernote (Document)
- Scan to Evernote (Note)

Die Document-Variante erzeugt eine PDF-Datei und verwendet dabei die Texterkennung, die Note-Variante konvertiert den Scan in eine Bilddatei.

Die Anpassung der Scan-Einstellungen.

Im Falle der PDF-Konvertierung stehen Ihnen einige Anpassungsmöglichkeiten für den Scan-Vorgang zur Verfügung. Dazu führen Sie den Mauszeiger im ScanSnap Quick-Menü über das *Scan to Evernote*-Icon, bis sich das Einstellungensymbol zeigt. Mit einem Klick öffnen Sie die Konvertierungseinstellungen.

Dort ist standardmäßig die Option *In durchsuchbare PDF konvertieren* aktiviert. Die sorgt dafür, dass aus Ihren Ausgangsdokumenten PDF-Dateien erzeugt werden, die Sie dann mit der Evernote-Suche nach Inhalten durchforsten können.

Die Scan-Optionen.

Für eine zuverlässige Spracherkennung ist im Auswahlmenü *Sprache* die Verwendung der korrekten Sprache erforderlich. Sie können außerdem angeben, ob alle oder nur die erste Seite an Evernote übergeben wird. Die Scan-Optionen schließen Sie mit einem Klick auf *OK*. Anschließend zeigt eine Fortschrittanzeige die Konvertierung an. Das Dokument wird im nächsten Schritt automatisch an Evernote übergeben und ist damit in Ihrem Notizblick verfügbar.

Das Dokument wird in eine PDF-Datei umgewandelt.

Die Konvertierung in eine Bildnotiz erfolgt nach dem gleichen Schema, nur stehen Ihnen hier keinerlei Anpassungsmöglichkeiten zur Verfügung. Ihre Dokumente werden dabei immer auch mit einem Datums- und Zeitstempel versehen. In den ScanSnap-Einstellungen können Sie außerdem verschiedene Anpassungen vornehmen, beispielsweise die Qualität kann angepasst werden.

5.2 *Doxie Go*

Wenn Sie überwiegend einzelne Dokumente, Quittungen, Kassenbons, Visitenkarten etc. digitalisieren wollen und diese schnell und einfach auf einen Rechner oder ein Notebook übertragen wollen, ist ein in Deutschland noch recht unbekannter Dokumentenscanner für Sie interessant: der Doxie Go. Er ist in verschiedenen Varianten verfügbar, wobei die am besten ausgestattete Version auch ein WLAN-Modul besitzt, das die einfache Übernahme Ihrer Dokumente in das Netzwerk erlaubt.

Klein, handlich, schnell und flexibel: der Doxie Go.

Für rund 220 EUR erhalten Sie hier einen Scanner, der nicht mal einen Computer oder ein Notebook benötigt. Sie können die Dokumente einfach mit einem Mobilgerät (Smartphone oder Tablet) übernehmen. Der Clou: Der Doxie Go besitzt einen aufladbaren Akku, der Sie auch unterwegs unabhängig von Stromversorgungen macht.

Auch Doxie Go spielt hervorragend mit Evernote und anderen Programmen zusammen. Die Weiterverarbeitung und Archivierung gestaltet sich somit problemlos.

6 Wie geht es weiter?

Wenn Sie mit Hilfe der in den vorangegangenen Kapiteln vorgestellten Werkzeugen begonnen haben, Ihr Büro peu à peu auf den papierlosen Betrieb umzustellen, werden Sie merken, dass sich vieles ganz einfach realisieren lässt.

Das Digitalisieren bestehender Dokumente ist in der Tat mit einem gewissen Aufwand verbunden, aber wenn Sie relevante Dokumente einmal in Evernote & Co. verfügbar haben, sind diese zumindest theoretisch für alle Zeiten mit einem Mausklick oder Tipp auf dem Mobilgerät verfügbar. Das gilt auch für alle anderen Inhalte wie Fotos, Musik etc.

Damit ist der Anfang gemacht, und Sie können Ihr Bankkonto in Zukunft nur noch online führen oder Ihre Faxe beispielsweise über E-Post.de online versenden und empfangen. Wenn Sie bereits Dropbox-Nutzer sind, macht es natürlich Sinn, diese als Dateiablage zu verwenden. Es gibt noch viele weitere Möglichkeiten, die Sie nutzen können, das papierlose Büro zu optimieren.

Die Papierberge werden schnell von Ihrem Schreibtisch verschwinden und Ihnen mehr Platz für Kreativität und Selbstentfalten lassen. Prüfen Sie, ob nicht die eine oder andere App für Ihr Mobilgerät eine sinnvolle Ergänzung sein kann. Wenn Ihnen der Betrieb einer eigenen Projektmanagement- und Aufgabenverwaltung zu kompliziert oder zu aufwendig ist, gibt es hierfür interessante Alternativen.

Passen Sie das Basissystem so an, bis es optimal zu Ihnen und Ihrem Büroalltag passt!

Index

A

Ablage 67
Ablagestruktur 68
Ablagesystem 29, 68
Add-ons 72
Admin-Dashlet 79
Admin-Tools 90
Aktion 99
Aktivitätenanzeige 13, 27
Alarm 19
Alarmeintrag 21
Alfresco Community Edition 71
Alfresco-Sites 84
Änderungskontrolle 69
Android 21
Ansicht 92
Ansichtsoption 23
App 34
Arbeitsfluss 68
Arbeitsprozess 69
Arbeitsqualität 67
Architektur 73
Archivieren 128
Ast 57
Audio-Notiz 13
Aufgabe 18, 78, 102, 106
Aufgaben verwalten 119
Aufgabenbericht 121
Aufgabendetails 107
Aufgabengruppe 123
Aufgabenliste 109
Aufgabenverwaltung 106, 133
Aufgaben-Workflow 105
Aufzeichnungsmanagement 73
Ausrichtung 16
Ausschnitt 24

B

Bankkonto 133
Bearbeitungsfunktion 21
Bearbeitungsmodus 107
Bearbeitungsverlauf 94
Bearbeitungswerkzeug 29
Benachrichtigungen 84
Benachrichtigungsvariante 19
Beschriftung 48
Bibliothek 92
Bilder 29
Blog 109
Blog-Beitrag 101
Boolscher Operator 112
Burn-Down-Chart 121
Büroalltag 133

C

Chat 33
Checkliste 50
CIFS 73, 76
Client 12, 73
Cloud 36
Common Internet File System . 73
Computer 12
Content Repository 74

Content-Element 75
Content-Regel 96
Controlling 69

D

DAM 74
Darstellungsvariante 24
Dashboard 77, 119
Dashlet 79
Dashlet-Konfiguration 80
Dateinamen 48
Dateityp 15
Datenabgleich 22
Datensynchronsisierung 10
Datenübermittlung 68
Digital Asset Management 74
Diskussionsforum 108
DM 74
Dokument 67
Dokumentenansicht 94
Dokumenteneigenschaft 94
Dokumentensicherheit 70
Dokumentenzugriff 68
Doxie Go 132
Dropbox 116

E

E-Mail 15, 33
E-Mail versenden 99
E-Mail-Benachrichtigung 20
Energie 9
Enterprise Portal 73
Entwurfsordner 96
E-Post.de 133
Ereignis 96
Ereignisliste 109
Erinnerung 18

Erste Schritte 45
Erstelldatum 25
Erstinstallation 29
Evernote App Center 35
Evernote Business 29
Evernote Web Clipper 34
Evernote Server 12
Evernote-Website 33
Export 53
Exportfunktion 43
Exportieren 44

F

Facebook 33
Fachbegriffe 54
Fälligkeit 104
Fallmanagement 74
Familienstruktur 56
Fax 133
Fensterelemente 60
Filter 92
Firefox-Erweiterung 34
Following 83
Formatierung entfernen 17
FreeMind-Icons 61
FreeMind-Schnittstelle 45, 59
Freigabe-URL 33, 34
Freigeben 33
FTP 76

G

Gantt-Chart 122
Geschwister 56
Gmail 33
Google Docs 94
Google Drive 116
Grundgröße 9

H

Handschriftliche Notiz 13
Hauptordner 32
Historie 44
Horizontale Linie 16
HTML 43
Hyperlink 44

I

Icons 65
IMAP 77
Import 99
Information 67
Informationsbegriff 9
Informationsveröffentlichung .. 74
Informationszugriff 70
Inhalte beschriften 29
Inhalte kommentieren 29
iPad 21

K

Kalender 44
Kalendermodul 108
Kanban 122
Karte 24
Kassenbon 132
Kennzeichnung 27
Knoten 43, 54
Knoten ausklappen 44
Knotendiagramme 48
Knotenhierarchie 56
Know-how 9
Kontaktliste 109
Kontextmenü 53
Kontrollkästchen 16
Korrespondenz 68
Kostenmanagement 116
Kostenreduktion 70
Kritik 36

L

Layout 16
LibreOffice 72
Linie 56
LinkedIn 34
Link-Verzeichnis 109
Linux 43
Liste 16, 24
Löschen 17

M

Mac OS X 10
Manuelle Synchronisation 13
Medienbruch 70
Metadaten 101
Mikrofonsymbol 15
Miniaturansicht 24
Mitarbeiter 78
Mitglieder verwalten 90
Mobilgerät 133
Moderierte öffentliche Site 85
Modifikation 113
MS Office 71, 72
MS SharePoint 72

N

Nagios 73
Navigation 11
Navigationsschaltfläche 12
NitroPDF 36
Node 75

Notizbuch 10, 14	Produktivität 67
Notizbuchbezeichnung 31	Projektbereich 84
Notizbuchgröße 29	Projektmanagement 115, 121, 133
Notizbuch-Stapel 31	
Notizbuch-Strukturen 31	Projektmanager 116
Notizeditor 10	Projektplanung 121
Notizen erstellen 14	Protokolle 75
Notizen freigeben 32	
Notizen organisieren 29	
Notizen sortieren 25	

Q

Quittung 132

Notizen synchronisieren 21	
Notizenlisten 10	
Notiztyp 13	

R

Nur-Text 16	Rechtssicherheit 128
	Redundanz 68

O

	Regel 95
Objekttyp 100	Regel-Konfiguration 100
OCR 129	Regel-Verwaltung 100
Öffentliche Site 85	Remote-Zugriff 71
Online-Dienst 36	Repository 78
OrangeScrum 115	
Ordner 100	

S

Ordnerregel 97	ScanSnap 128
Outlook 33	ScanSnap Quick-Menü 129
Out-of-the-box 72	ScanSnap-Einstellungen 131
	Schlagwort 14, 27

P

	Schriftart 16
PDF 29, 35, 71	Schriftgröße 16
PDF-Konverter 36	Schriftstil 16
PDF-Konvertierung 130	Schriftwerkzeuge 16
PNG 53	Screenshot 13
Pop-up-Benachrichtigung 19	Scrum 115
PostgreSQL 75	Seitenleiste 10
Post-it 14	Separates Notizfenster 17
Premium 29	Share 73
Priorität 104	SharePoint Protokolle 77
Private Site 85	Sicherheitsbestimmung 37

Sichtbarkeit 87
Signatur 128
Site 77
Site anpassen 88
Site erstellen 87
Site-Finder 77
Site-Mitglieder 87
Smartphone 21
Snapscan 73
Sortierreihenfolge 26
Sortierung 25
Soziale Netzwerke 33
Speichern 15, 48
Spezialwerkzeug 16
Spracherkennung 131
Standardablage 30
Standardnotizbuch 29
Standardzeilenabstand 16
Stapel 32
Startseite 10, 82
Status 107
Stichwort 14
Struktur 32
Suche 23, 67, 110
Suche nach Notizbuch 26
Suchergebnis 23, 110
Suchfunktion 21, 78, 111
Suchkriterium 113
Suchoption 111
Suchparameter 28
Suchproblem 67
Symbolleiste 10, 12
Synchronisationsvorgang 12

T

Tabelle 16
Tablet-PC 12
Tag 27, 101
Tag-Funktion 102
Team 116
Telefon 12
Termin 18
Textaufzeichnung 14
Textbox 46
Textformatierung 16
Textnotiz 13
Textverarbeitung 16
Titelleiste 61
Titelzeile 49
Twitter 33

U

Unkenntlichmachen 29
Unterknoten 46, 55
Upload-Volumen 35

V

Vater-Kind-Enkel 56
Verpixeln 29
Verschlüsselung 37
Versionierung 69
Visitenkarte 132
Vorgangsbearbeitung 70

W

WCM 74
Web Content Management 74
Webcam-Notiz 13
WebDAV 76
Webseite 34
Werkzeugleiste 63, 64
Wiederbeschaffung 67
Wiederherstellung 67

Wiki 108
Wiki-Seite 101
Windows 10, 43
Wissen 9
Wissensdatenbank 70
Wissensgesellschaft 9
Wissensmanagement 74
WLAN 132
Work Chat 33
Workflow 78, 94, 102
Workflow-Information 107
Workflow-Prozess 103
Workflow-Typen 104
Wurzelknoten 46, 56

X

XAMPP 117
XAMPP Control Panel 119
XML 71
XML-Format 43

Z

Zahnradsymbol 20
Zeitplan 44
Zugriffskontrolle 75
Zusammenarbeit 33
Zusatzmodul 34
Zweig 57

Weitere Brain-Media.de-Bücher

X-Plane 10 kompakt

Der Klassiker unter den Flugsimulatoren geht in die zehnte Runde. Viele neue Funktionen und verbessertes Handling warten auf die Anwender. Kein Wunder also, dass die Fangemeinde wächst und wächst. Unser Handbuch beschreibt alles, was Sie für das Fliegen mit X-Plane wissen sollten.

Umfang: 430 Seiten
ISBN: 978-3-939316-96-1
Preis: 22,99 EUR

Evernote kompakt

Bei der alltäglichen Informationsflut wird es immer schwieriger, Wichtiges von Unwichtigem zu trennen, Termine und Kontakte zu verwalten. Mit Evernote können Sie diese Flut bändigen und Ihren Alltag optimieren. "Evernote kompakt" vermittelt das notwendige Know-how für den Einsatz von Evernote auf Ihrem Desktop, Smartphone und online.

Umfang: 320 Seiten
ISBN: 978-3-95444-098-6
Preis: 19,99 EUR

Fire TV kompakt

Mit Fire TV hat Amazon eine tolle kleine Box für das Online-Entertainment auf den Markt gebracht, die für wenig Geld die gesamte Palette der Internet-basierten Unterhaltung abdeckt. In diesem Handbuch erfahren Sie, was Sie alles mit der kleinen Box anstellen können.

Umfang: 182 Seiten
ISBN: 978-3-95444-172-3
Preis: 16,99 EUR

Magento SEO kompakt

Magento ist die Standardumgebung für den Aufbau eines Online-Shops. Doch damit Sie mit Ihren Shop-Angebot auch im Internet wahrgenommen werden, müssen Sie ein wenig die Werbetrommel rühren und den Shop für Google & Co. optimieren. Mit wenigen Handgriffen machen Sie Ihren Online-Shop SEO-fest und maximieren Ihre Verkäufe.

Umfang: 100 Seiten
ISBN: 978-3-95444-098-6
Preis: 12,99 EUR

www.brain-media.de

Wireshark kompakt

Wireshark ist der mit Abstand beliebteste Spezialist für die Netzwerk- und Protokollanalyse. In diesem Handbuch lernen Sie, wie Sie mit dem Tool typische Administratoraufgaben bewältigen. Das Buch beschränkt sich dabei auf die wesentlichen Aktionen, die im Admin-Alltag auf Sie warten, und verzichtet bewusst auf überflüssigen Ballast.

Umfang: 170 Seiten
ISBN: 978-3-95444-176-1
Preis: 15,99 EUR

Scribus 1.5 kompakt

Scribus ist längst ein ebenbürtiger Gegenspieler von InDesign & Co. In unserem Handbuch erfahren Sie alles, was Sie für den erfolgreichen Einstieg wissen müssen.

460 Seiten Praxis-Know-how. Dazu viele Tausend ClipArts und Schriften zum kostenlosen Download.

Umfang: 460 Seiten
ISBN: 978-3-95444-124-2
Preis: 22,99 EUR

Weitere Brain-Media.de-Bücher

Hacking kompakt

Wer für die Sicherheit von Netzwerken zuständig ist, muss mögliche Angriffspunkte identifizieren und anschließend schließen. Zur Identifikation greifen Sie zu traditionellen Hacker-Methoden. Dieses Handbuch vermittelt das notwendige Rüstzeug. Bereits nach wenigen Stunden beherrschen Sie die wichtigsten Hacker-Methoden und können sich so in Zukunft besser vor Angreifern schützen.

Umfang: 170 Seiten
ISBN: 978-3-95444-160-0
Preis: 16,99 EUR

Nmap kompakt

Netzwerkadministratoren schwören auf Nmap! Kein Wunder, denn kaum ein anderes Werkzeug bietet mehr Komfort bei der Inventarisierung und dem Scannen von Hosts und Services. Nmap kompakt führt Sie in die Verwendung des Klassikers ein.

Umfang: 140 Seiten
ISBN: 978-3-95444-237-9
Preis: 14,99 EUR

Audacity 2.1 kompakt

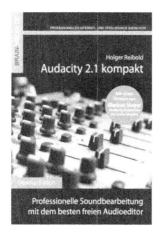

Audacity ist zweifelsohne das beliebteste freie Audioprogramm. Vom anfänglichen Geheimtipp hat sich der Editor zum Standard für die Aufzeichnung und Bearbeitung von Audiodaten gemausert. Das Vorwort steuert der ehemalige Core-Entwickler Markus Meyer bei.

Umfang: 312 Seiten
ISBN: 978-3-95444-249-2
Preis: 19,99 EUR

WordPress 4.x kompakt

WordPress ist seit Jahren die beliebteste Umgebung für das Erstellen eines eigenen Blogs. Kein Wunder, denn keine andere Lösung vereint Benutzerkomfort, Flexibilität und Leistungsfähigkeit so gut wie WordPress. In diesem Handbuch erfahren Sie alles, was Sie für den Schnelleinstieg in das Blog-System wissen müssen.

Umfang: 172 Seiten
ISBN: 978-3-95444-206-5
Preis: 16,99 EUR

Weitere Titel in Vorbereitung

Wir bauen unser Programm kontinuierlich aus. Aktuell befinden sich folgende Titel in Vorbereitung:

- Magento 2.0 kompakt
- OpenVPN kompakt
- Smart Home 3D kompakt
- wa3f kompakt
- SmoothWall kompakt

Plus+

Plus+ – unser neues Angebot für Sie ... alle E-Books im Abo. Sie können 1 Jahr lang alle Brain-Media-Bücher als E-Book herunterladen und diese auf Ihrem PC, Tablet, iPad und Kindle verwenden – und das ohne irgendwelche Einschränkungen. Das Beste: Plus+ schließt auch alle jene Bücher ein, die in diesem Jahr noch erscheinen.

Und das zum Sonderpreis von 29 Euro!
Ein unschlagbares Angebot!

Auf unserer Website steht ein detaillierter Überblick aller Titel im PDF-Format zum Download bereit, der bereits zu Plus+ gehörende Titel aufführt und die in naher Zukunft hinzukommen.

Das papierlose Büro